Ich hab's kapiert!

Typische Deutsch-Fehler sicher vermeiden

Andrea Ruhlig

compact

Bisher sind in dieser Reihe erschienen:

- ♦ Ho capito! Typische Italienisch-Fehler sicher vermeiden
- ♦ Ich hab's kapiert! Typische Deutsch-Fehler sicher vermeiden
- ♦ I got it! Typische Englisch-Fehler sicher vermeiden
- ♦ J'ai compris ! Typische Französisch-Fehler sicher vermeiden
- ♦ ¡Ya lo tengo! Typische Spanisch-Fehler sicher vermeiden

Baierbrunner Straße 27, 81379 München
Ausgabe 2018

Redaktion: Jenny Bux
Fachkorrektur: Dr. Wolfgang Wegner
Produktion: Ute Hausleiter
Illustrationen: Florian Heubach
Titelabbildung: shutterstock/Anna Timoshenko
Gestaltung: seitenwind GmbH – Design und Kommunikation, Regensburg; textum GmbH, München
Umschlaggestaltung: red.sign GbR, Stuttgart

ISBN 978-3-8174-1966-1
381741966/1

www.compactverlag.de

Inhaltsverzeichnis

Vorwort 5

1. Wortschatz 7
1.1 Wortbildung 8
1.2 Häufig falsch benutzte Wörter 16
Typische Fehlerquellen im Wortschatz – kurz und knapp 42
Zwischentest Wortschatz 43

2. Grammatik 45
2.1 Verben 46
2.2 Adjektive und Pronomen 53
2.3 Verbindungswörter 64
2.4 Verneinung 70
2.5 Für fortgeschrittene Lerner 73
Typische Fehlerquellen in der Grammatik – kurz und knapp 76
Zwischentest Grammatik 77

Inhalt

3. Aussprache und Rechtschreibung **79**

3.1 Aussprache 80

3.2 Rechtschreibung 90

3.3 Zeichensetzung 103

Typische Fehlerquellen in Aussprache und Rechtschreibung – kurz und knapp 110

Zwischentest Aussprache und Rechtschreibung 111

4. Anhang **113**

4.1 Abschlusstest 114

4.2 Lösungen 120

4.3 Register 126

Ich hab's kapiert! Typische Deutsch-Fehler sicher vermeiden

Viele Deutschlerner sagen: „Die deutsche Sprache ist so schwierig. Es gibt so viele Fehlerquellen. Wie soll ich das alles richtig machen?" Tatsächlich kann das Deutschlernen sehr mühsam sein. Aber viele Fehler lassen sich vermeiden, wenn man die Regeln einmal kapiert hat. Dabei will Ihnen dieses Buch helfen.

Es ist übersichtlich in drei Themenbereiche gegliedert: Die Kapitel *Wortschatz*, *Grammatik* und *Aussprache und Rechtschreibung* bieten Ihnen einprägsame Erklärungen zu den häufigsten Fehlerquellen. Dabei werden die Regeln mit vielen Beispielsätzen deutlich gemacht. So lernen Sie zum Beispiel den richtigen Gebrauch von häufig verwechselten Wörtern, von wichtigen Verbindungswörtern, von Negationswörtern, von ...

Ein umfangreiches Register am Schluss des Buches hilft Ihnen bei der gezielten Suche nach einzelnen Stichwörtern. In Infokästen finden Sie außerdem Lerntipps und interessante Zusatzinformationen zur deutschen Sprache.

Übungen am Ende jedes Unterkapitels helfen Ihnen, das vorangegangene Thema zu vertiefen. Zwischentests im Anschluss an die drei Themenbereiche bieten Ihnen eine weitere Möglichkeit zum Üben. Und wenn Sie den großen Abschlusstest meistern, können Sie sicher sein, dass Sie die typischen Fehler in Zukunft wirklich sicher vermeiden werden.

Viel Spaß und Erfolg beim Deutschlernen!

1. Wortschatz

1.1 Wortbildung

Ein deutscher Durchschnittssprecher benutzt zwischen 12.000 und 16.000 Wörter aktiv. Der Wortschatz der deutschen Gegenwartssprache wird auf zwischen 300.000 und 500.000 Wörter (Grundformen) geschätzt. Aus diesen Grundformen kann man aber noch unzählige weitere Wörter bilden.

Info

In Wörterbücher werden ständig neue Wörter aufgenommen, 2013 z. B. *vermüllen*, *E-Book-Reader* und *Brötchentaste*, weil eine Sprache sich immer weiterentwickelt.

Wortfamilien

Aus Grundwörtern lassen sich viele neue Wörter ableiten. Sie bilden zusammen eine Wortfamilie. Für das Verb *sitzen* kann man z. B. diese Familie bilden:

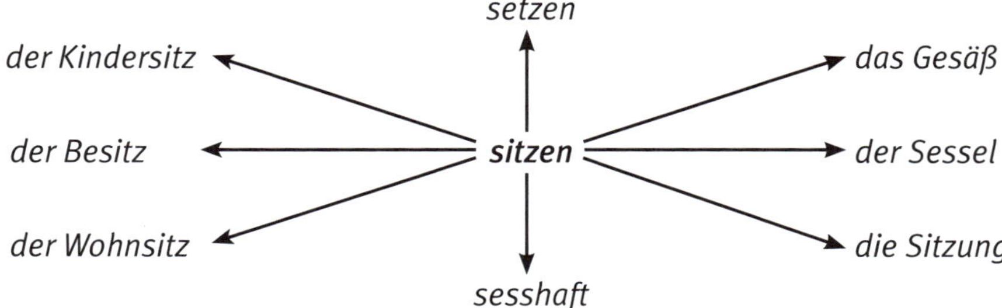

Lerntipp

Lernt man Vokabeln nicht nach Wortlisten, sondern nach Wortfamilien, dann kann man sich auf einen Schlag gleich mehrere Vokabeln einprägen.

Zusammensetzungen/Komposita

Zusammensetzungen bestehen aus einem Bestimmungswort und einem Grundwort. Normalerweise bestimmt dabei der erste Wortteil den zweiten Teil. Dies kann auf unterschiedliche Weise geschehen:

Beim *Nusskuchen* wird der Kuchen durch die Zutat bestimmt,
beim *Pfannkuchen* durch das Küchengerät, das man zur Herstellung benutzt,
beim *Marmorkuchen* durch das Aussehen,
beim *Hundekuchen* durch den, der den Kuchen essen soll.

In einem Nomenkompositum bestimmt **das letzte Nomen** Person und Numerus des gesamten Wortes:

das *Werkzeug*, ***die*** *Werkzeugkiste*, ***der*** *Werkzeugkistendeckel* ...
die *Werkzeug**e***, ***die*** *Werkzeugkist**en***, ***die*** *Werkzeugkistendeckel* ...

Wusssten Sie schon?

Mark Twain fand die deutsche Sprache schrecklich, besonders die zusammengesetzten Wörter, die in keinem Wörterbuch zu finden sind. Manche seien so lang, dass sie „nur aus der Ferne ganz zu sehen" seien.
Der aus Russland stammende Autor Wladimir Kaminer hingegen vergleicht die deutsche Sprache mit einem „Lego-Baukasten, in dem alle Teile zueinander passen. Dabei entstehen völlig neue Redewendungen, die aber von allen sofort verstanden werden."

Fugenzeichen

Weitere Hinweise zur Aussprache finden Sie in Kapitel 3.1.

Bei vielen Zusammensetzungen stehen das Bestimmungswort und das Grundwort direkt hintereinander. Manchmal werden sie aber durch ein Fugenzeichen verbunden. Als Laut erleichtert es die Aussprache.

- Das *-s-* kommt relativ häufig vor, vor allem bei Bestimmungswörtern mit den Endungen *-heit*, *-keit*, *-schaft*, *-tum*, *-ung*, *-ing*, *-ling*, *-ion*, *-ität*:

  *Freiheit**s**statue, Freundschaft**s**ring,*
  *Bestimmung**s**wort, Universität**s**professor*

- Bei vielen Nomen wird das Bestimmungswort in den Plural gesetzt:

  *Frau**en**schuh, Tasche**n**tuch, Hose**n**knopf, Blume**n**strauß*
  *Hühn**er**ei, Rind**er**braten*

Achtung!

Abstrakta kommen häufig ohne Fugenzeichen aus.
Aber: *Liebe**s**brief, Hilf**s**verb*!

- Bei Zusammensetzungen aus Verb und Nomen fällt das *-en* des Infinitivs weg:

  Schwimmbad, Wohnzimmer, Rührschüssel

Wenn man etwas Neues benennen möchte, kann man also

- ein neues Wort erfinden: *googeln*
- ein Wort aus einer Fremdsprache übernehmen: *der Computer, das T-Shirt*
- eine Zusammensetzung bilden: *das Versandhandelsunternehmen*
- einem schon bekannten Wort eine zusätzliche Bedeutung geben:
  die Birne – die Glühbirne (wegen der gleichen Form)

Numerale

- **Grundzahlen:** *null, eins, zwei, drei.*
  Mit ihnen wird die Uhrzeit angegeben: *Es ist gleich halb drei.*
  Die Großzahlen (*eine Million, zwei Millionen* ...) sind Nomen, die kleineren Grundzahlen verhalten sich wie Adjektive. Doch nur *eins* kann voll dekliniert werden.

- **Ordnungszahlen:** *der erste, die zweite, das dritte.*
  Die weiteren Ordnungszahlen werden nach folgendem Muster gebildet:
  4–19: Ordnungszahl + *-te*
  ab 20: Ordnungszahl + *-ste*

Merke!

Der 7. kann der **siebente** oder der **siebte** sein!
Der **achte** hat nur ein *t*!

Mit ihnen wird das Datum angegeben:
Dienstag, der sechzehnte Mai.

- **unbestimmte Zahlwörter:** *einzeln, gesamt, meisten ...*
  Nur zwei unbestimmte Zahlwörter sind steigerungsfähig:

viel	*mehr*	*das meiste/am meisten*
wenig	*weniger*	*das wenigste/am wenigsten*

Nicht steigern kann man das Wort *einzig*!

- **Bruchzahlen:** *einviertel, achteinhalb ...*
  Bruchzahlen können auch als Nomen oder als Bestimmungswort eines Nomens erscheinen:
  die Hälfte des Apfels, ein Drittel des Kuchens, die Halbzeit, die Viertelstunde ...

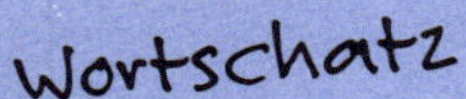

Ableitungen mit Vor- oder Nachsilbe

In der deutschen Sprache gibt es viele Vor- und Nachsilben. Mit ihnen kann man aus einem Grundwort weitere Wörter bilden. Alle gehören zur gleichen Wortfamilie. Doch manchmal ist die Verwandtschaft gar nicht so leicht zu erkennen. Als Beispiel hier eine Liste der Verben aus **Vorsilbe + gehen** (Auswahl):

an-	zu funktionieren beginnen	*Das Licht geht an.*
	eine Person betreffen	*Das geht uns alle an.*
	in bestimmter Weise handeln	*Das Problem müssen wir angehen.*
auf-	am Himmel erscheinen	*Die Sonne geht auf.*
	sich öffnen	*Die Tür geht auf.* *Der Knoten geht nicht auf.*
aus-	aufhören zu funktionieren	*Das Licht geht aus.*
	das Haus verlassen, um sich zu vergnügen	*Wir gehen heute Abend zum Essen aus.*
	auf bestimmte Weise enden	*Wie ist der Film ausgegangen?*
ein-	etw. akzeptieren	*Das Risiko gehe ich ein.*
	sich mit einer Sache beschäftigen	*Auf diesen Punkt kannst du noch näher eingehen.*
	aufhören zu leben	*Die Blume ist eingegangen.*
ent-	etw. verpassen, etw. nicht bemerken	*Da entgeht dir etwas!*
hervor-	sich aus etw. ergeben, deutlich werden	*Aus diesem Abschnitt geht hervor, dass …*
hin-	an einen bestimmten Ort gehen	*Wo gehst du hin?*
hinaus-	nach draußen gehen	*Lass uns hinaus in den Garten gehen.*

hinter-	betrügen	*Er hintergeht mich.*
	nach hinten gehen	*Er geht hinter das Haus.*
los-	anfangen	*Der Film geht los.*
	sich in Bewegung setzen	*Wir gehen jetzt los.*
mit-	mit anderen zusammen gehen	*Willst du mitgehen?*
nach-	folgen	*Der Hund ging mir nach.*
	überprüfen	*Wir müssen diesem Hinweis nachgehen.*
	zu langsam gehen (bei Uhren)	*Meine Uhr geht schon wieder nach.*
über-	jn. nicht berücksichtigen	*Ich bin übergangen worden.*
unter-	unter der Wasseroberfläche verschwinden	*Das Boot ging sofort unter.*
	vom Himmel verschwinden	*Die Sonne geht unter.*
ver-	zur Vergangenheit werden	*Die Zeit verging wie im Flug.*
vor-	früher als andere gehen	*Ich gehe schon mal vor.*
	etw. wichtiger behandeln als anderes	*Die Hausaufgaben gehen vor.*
	zu schnell gehen (bei Uhren)	*Meine Uhr geht schon wieder vor.*
zer-	schmelzen	*Die Schokolade zergeht auf der Zunge.*
zu-	sich schließen lassen	*Der Knopf geht nicht zu.*
zurück-	wieder an eine Stelle gehen, an der man früher schon war	*Ich gehe wieder zurück in meine Heimatstadt.*
	nach hinten gehen	*Geh mal einen Schritt zurück.*
	weniger werden	*Der Umsatz ist um 20 % zurückgegangen.*

1 Welches Fugenzeichen verbindet die beiden Wörter?

1. Hund ..... hütte
2. Glück ..... tag
3. Student ..... ausweis
4. Bild ..... rahmen
5. Park ..... platz

2 Schreiben Sie die Angaben aus!

1. $3\frac{1}{2}$ % ....
2. $\frac{1}{2}$ kg ....
3. 2000 € ....
4. 120 km/h ....

3 Welche Vorsilbe passt zu der Definition?

1. Aufmerksamkeit erregen ....fallen
2. nicht stattfinden ....fallen
3. eine Prüfung nicht bestehen ....fallen
4. angenehm sein ....fallen
5. einen Angriff machen ....fallen
6. sich im Zustand immer mehr verschlechtern ....fallen

4 Welches Wort ist Grundwort für den ersten Teil und Bestimmungswort für den letzten Teil? Finden Sie das Brückenwort!

1. Auto .... hof
2. Ehe .... schaft
3. Bar .... schein
4. Schreib .... tennis
5. Quiz .... zeichen

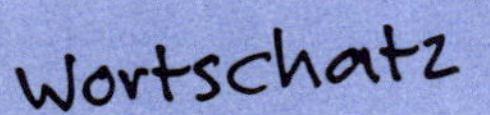

1.2 Häufig falsch benutzte Wörter

Gleichlautende Nomen mit unterschiedlicher Bedeutung

Einige Nomen haben zwei oder mehr Bedeutungen. In einigen Fällen kann man sie an unterschiedlichen Artikeln erkennen:

der Band:	Buch aus einer Reihe	*Das Lexikon hat 24 Bände.*
die Band:	Gruppe von Musikern	*Auf dem Konzert spielen zwei Bands.*
das Band:	langer schmaler Streifen eines Materials	*Hier kann man Geschenkbänder kaufen.*
der Erbe:	Person, die nach dem Tod eines anderen dessen Dinge bekommt	*Ich bin der Alleinerbe des Vermögens meiner Mutter.*
das Erbe:	Dinge, die nach dem Tod einer Person andere bekommen	*Willst du das Erbe annehmen?*
der Gehalt:	Anteil eines Stoffes in einer Mischung	*Der Alkoholgehalt ist auf dem Etikett angegeben.*
das Gehalt:	Geld, das Angestellte und Beamte monatlich für ihre Arbeit bekommen (bei Arbeitern sagt man *Lohn*)	*Das Gehalt wird direkt auf die Bankkonten überwiesen.*
der Junge:	männliches Kind	*Die Jungen liefen über die Straße.*
das Junge:	neugeborenes Tier	*Unsere Katze hat vier Junge bekommen.*
der Kiefer:	Knochen, aus dem die Zähne wachsen	*Bei dem Sturz habe ich mir meinen Unterkiefer gebrochen.*
die Kiefer:	Nadelbaum	*Ich mag Möbel aus Kiefernholz.*
der Leiter:	Person, die etw. leitet	*Der Abteilungsleiter geht zu einer Besprechung.*
die Leiter:	Gerät mit Stufen zum Steigen	*Da oben kommst du nur mit einer Leiter hin.*

die Maß:	in Süddeutschland ein Liter Bier	*Auf dem Oktoberfest trank er eine Maß Bier.*
das Maß:	Einheit, mit der eine Größe oder Menge gemessen wird	*Der Meter ist ein Längenmaß.*
der See:	größere Wasserfläche im Inland	*In den Alpen gibt es viele Bergseen.*
die See:	Meer	*Wir fahren im Urlaub an die See.*
die Steuer:	Geld, das man an den Staat zahlen muss	*Jeder Autobesitzer muss KFZ-Steuer bezahlen.*
das Steuer:	Teil in Fahrzeugen, mit dem man die Bewegungsrichtung regelt	*Der Kapitän hat das Steuer verlassen.*
der Tau:	Feuchtigkeit, die morgens auf Pflanzen liegt	*Die Wiese war nass vom Tau.*
das Tau:	dickes Seil	*Er machte das Boot mit einem Tau im Hafen fest.*
der Tor:	Narr, Dummkopf	*Kinder und Toren sagen die Wahrheit.*
das Tor:	große Tür in einer Mauer, auch Ziel beim Fußballspiel	*Wir fuhren durch das alte Stadttor.* *Er hat in diesem Spiel zwei Tore geschossen.*
der Verdienst:	durch Arbeit verdientes Geld	*Einen großen Teil ihres Verdienstes gibt sie für ihre Wohnung aus.*
das Verdienst:	besondere Leistung	*Dass wir das Projekt rechtzeitig abgeschlossen haben, ist sein Verdienst.*

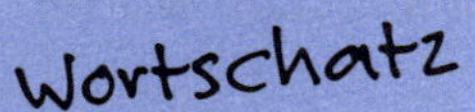

Manche gleichlautende Nomen haben den gleichen Artikel, der Plural wird aber unterschiedlich gebildet:

die Bank:	Möbel zum Sitzen	*Die Bänke waren nass vom Regen.*
	Unternehmen, das Geschäfte mit Geld macht	*Ich habe bei verschiedenen Banken nach einem Kredit gefragt.*
der Strauß:	mehrere geschnittene Blumen, die man in eine Vase stellt	*Zum Geburtstag bekam ich zwei Blumensträuße.*
	großer Vogel mit langem Hals, der nicht fliegen kann	*Strauße können mit ihren langen Beinen sehr schnell laufen.*
der Ton:	Klang, Geräusch	*Die Sängerin trifft auch die hohen Töne.*
	weiches Material, aus dem man z. B. Geschirr macht	*In diesem Gebiet werden verschiedene Tone gefunden.*

Andere haben sogar den gleichen Plural:

der Flügel:	Teil des Körpers, mit dem Vögel und Insekten fliegen	*Der Schmetterling breitet die Flügel aus.*
	Musikinstrument mit Tasten	*Auf der Bühne stehen zwei Flügel.*
der Gang:	langer Flur eines Gebäudes	*Die Leute warten in den Gängen vor den Büros.*
	Stufe, in der man ein Auto oder Fahrrad fährt	*Ich schalte in den dritten Gang. Das Fahrrad hat zwölf Gänge.*
	Art, wie jd. geht (ohne Plural!)	*Ich habe dich von hinten an deinem Gang erkannt.*

der Hahn:	männliches Huhn	*Die Hähne krähen schon vor Sonnenaufgang.*
	Einrichtung, mit der man ein Rohr öffnet oder schließt	*Zum Öffnen müssen Sie die Hähne nach rechts drehen.*
die Maus:	kleines Nagetier	*In unserem Keller sind Mäuse.*
	Gerät, mit dem man einen Computer bedienen kann	*Auf den Schreibtischen liegen die Mäuse neben den Tastaturen.*
der Pass:	Ausweispapier	*Die Visa werden in eure Pässe geklebt.*
	höchster Punkt einer Straße durch die Berge	*Die Rennstrecke führt über mehrere Pässe.*
das Schloss:	Gerät, mit dem man etw. verschließen kann	*Die Schlösser der Türen klemmen.*
	großes, prächtiges Gebäude	*In Bayern gibt es viele Schlösser.*
der Stock:	Ast; dünner Teil eines Baumes, den man zurechtgeschnitten hat	*Viele Wanderer benutzen Stöcke, um sich abzustützen.*
	strauchartige Pflanze	*Auf der Fensterbank stehen viele Stöcke.*
der Stoff:	Material, aus dem Kleidung hergestellt wird	*Jeansstoffe sind sehr haltbar.*
	thematische Grundlage	*Diese Stoffe wurden schon mehrfach verfilmt.* *Er beherrscht den Stoff für die Prüfung.*
der Umzug:	Vorgang, wenn man die Wohnung wechselt	*Eine Firma organisiert täglich Umzüge nach Berlin.*
	Veranstaltung, bei der sich viele Menschen durch die Straßen bewegen	*Viele Touristen kommen nach Köln, um sich die Karnevalsumzüge anzusehen.*

Einzahl – Mehrzahl?

Es gibt Nomen, die nur im **Singular** benutzt werden. Das sind

- sogenannte unzählbare Kollektiva wie *Obst*, *Gemüse*, *Vieh*, *Gepäck*, *Ausland*, *Post* ...
- sogenannte Abstrakta wie *Glück*, *Heimat*, *Gesundheit*, *Lärm*, *Ruhe*, *Respekt*, *Treue*, *Dank*, *Nutzen*, *Armut*, *Hunger*, *Durst*, *Kälte*, *Wärme*, *Hitze*, *Jugend*, *Alter*, *Gegenwart*, *Vergangenheit* ...
- Stoffbezeichnungen wie *Wasser*, *Schnee*, *Regen*, *Laub*, *Reis*, *Fleisch*, *Plastik* ...
- Organisationen wie *Post* ...
- Namen von Festen wie *Weihnachten*, *Ostern* ...

Andere Nomen werden nur im **Plural** benutzt. Das sind

- Sammelbezeichnungen wie *die Eltern*, *die Geschwister*, *die Leute*, *die Möbel*, *die Lebensmittel* ...
- geografische Namen wie *die EU*, *die USA*, *die Niederlande*, *die Alpen* ...
- andere wie *die Ferien*, *die Kosten* ...

Personen oder Leute?

Mit **Personen** bezeichnet man Menschen, die man als Individuen betrachtet. Dies wird auch deutlich in den verwandten Worten *Personalausweis* und *persönlich*:

> *Ich kann den Antrag nicht mit der Post schicken, ich muss ihn persönlich abgeben.*
> *Der Eintritt kostet fünf Euro pro Person.*
> *Ich möchte einen Tisch für sechs Personen reservieren.*

Leute benutzt man, wenn man eine Gruppe Menschen als Menge ansieht:

> *Auf der Party waren nette Leute.*
> *Viele Leute verkleiden sich zu Karneval.*
> *Die Diskothek hat Platz für viele Leute.*

Aber manchmal ist es auch respektlos, Menschen als Menge anzusehen:

~~*Bei dem Unfall wurden fünf Leute verletzt.*~~

Bei dem Unfall wurden fünf Personen/Menschen verletzt.

Ein Freund oder mein Freund?

Eine Person, die ich kenne und mag, bezeichne ich als **einen Freund.**

Er ist ein alter Freund von mir. Wir haben uns länger nicht gesehen.

Wenn ich diese Person gut kenne und sehr mag, nenne ich sie einen **guten Freund** oder einen dicken Freund.

Wir sind gute Freunde, er ist ein guter Freund (von mir).

Wir sind dicke Freunde (aber nicht: ~~er ist ein dicker Freund von mir~~).

Nur eine Person kann mein **bester Freund** sein.

Karl ist mein bester Freund. Ich kenne ihn schon, seit wir zusammen im Kindergarten waren.

Ich nenne eine Person **meinen Freund**, wenn wir ein Paar sind:

Ich werde mit meinem Freund zusammenziehen.

Job oder Arbeitsstelle?

Diese Begriffe sollten Sie deutlich auseinanderhalten, wenn Sie sich bewerben.

Job meint meistens nur eine vorübergehende Erwerbstätigkeit und hat als umgangssprachlicher Begriff in einem Bewerbungsschreiben nichts zu suchen.

Sie sucht einen Job, um ihr Studium zu finanzieren.

Häufig arbeitet man dann als **Aushilfe.** Die Arbeit ist oft nicht sehr anspruchsvoll.

Die Firma sucht eine Aushilfe für Lagerarbeiten.

Ein **Praktikum** macht man in Deutschland meist, um eine Tätigkeit, einen Beruf kennenzulernen und Erfahrungen zu sammeln. Oft werden Praktika nicht oder nur sehr schlecht bezahlt.

Während meines Studiums habe ich schon drei Praktika gemacht.

Wenn Sie eine **Arbeitsstelle** suchen, meinen Sie meist eine langfristige Tätigkeit, die hoffentlich zu Ihrer Ausbildung passt.

Hier wird unterschieden zwischen Angestellten und Arbeitern.
Ein **Angestellter** arbeitet eher geistig, z. B. im Büro. Dafür bekommt er ein Gehalt.
Ein **Arbeiter** arbeitet eher körperlich, z. B. in einer Fabrik. Dafür bekommt er Lohn.
Ein **Beamter** arbeitet für den Staat, er hat ganz besondere Rechte und Pflichten.

Verben

finden – meinen – glauben – merken

finden	benutzt man, wenn es um eine Einschätzung oder Beurteilung geht.	*Wie findest du meinen* (auch: *Was meinst du zu meinem) neuen Pullover?* *Ich finde* (auch: *Ich meine), die Farbe steht dir sehr gut.*
meinen	kann man oft als Synonym für finden benutzen.	*Ich meine* (auch: *Ich finde), du solltest mehr lernen.* *Meinst du* (auch: *Findest du), dass diese Entscheidung richtig war?*
glauben	benutzt man, wenn man etwas für möglich hält, sich aber nicht sicher ist.	*Ich glaube, dass ich die Prüfung schaffen kann.* *Ich glaube, dass es morgen schneit.*
merken	benutzt man, wenn man eine Tatsache erkennen, bemerken, spüren kann.	*Ich habe erst zu Hause gemerkt, dass ich meine Tasche im Bus vergessen habe.*

etwas, jemanden kennen – etwas wissen

Diese Wörter können manchmal, aber nicht immer synonym verwendet werden. So kann man zwar jemanden kennen, aber nicht jemanden wissen.

kennen	setzt voraus, dass man Erfahrung mit etwas oder jemandem hat.	*Kennst du meinen Freund schon?* *Ich kenne alle Tricks.*
wissen	meint eher, dass man etwas gelernt oder im Gedächtnis hat.	*Weißt du, wie man eine Prozentzahl errechnet?* *Ich weiß alles über die Geschichte meines Heimatortes.*

machen – tun

Diese Verben können oft, aber nicht immer synonym verwendet werden. Beide werden auch in festen Ausdrücken verwendet. Dort sind sie nicht austauschbar.

Ich mache, so schnell ich kann.

Ich mache mich nützlich.

Ich mache einen Vorschlag.

Ich mache meine Aufgaben.

Ich mache eine Reise.

Ich mache einen Fehler.

Ich mache das Frühstück.

Ich mache Platz.

Ich mache sauber.

Ich mache den Haushalt.

Ich mache Urlaub.

Ich mache das Bett.

Ich tue, was ich kann.
Ich tue jemandem einen Gefallen.
Ich tue so, als ob ...
Du tust mir leid.
Ich habe mich vertan.
Ich habe viel zu tun.
Ich tue das gern.
Ich habe damit nichts zu tun.

stehen, stellen – liegen, legen – sitzen, setzen

Personen oder Gegenstände, die sich in vertikaler Position befinden – also wenn sie eher hoch als breit sind – **stehen**.
Personen und Gegenstände die sich in horizontaler Position befinden – also wenn sie eher breit als hoch sind – **liegen**.

Das Buch steht im Regal.
Das Buch liegt auf dem Tisch.

Allerdings gilt dies nicht immer. Die deutsche Sprache ist manchmal sehr unlogisch.

Das Essen steht auf dem Tisch.
Der Zug steht auf dem Gleis.

Die meisten Vögel allerdings stehen nicht. Wenn sie nicht fliegen, dann sitzen sie.

Der Vogel sitzt im Busch.

Soll etwas an einem bestimmten Platz **stehen** (+ Dat.), dann **stelle** (+ Akk.) ich es dorthin.
Soll etwas an einem bestimmten Platz **liegen** (+ Dat.), dann **lege** (+ Akk.) ich es dorthin.
Ich führe also eine Handlung aus.

Stell das Buch bitte ins Regal.
Leg das Buch bitte auf den Tisch.
Ich lege meine Sachen in meine Tasche.

So ist es auch mit **sitzen** (Zustand, + Dat.) und **setzen** (Handlung, + Akk.):

Ich sitze auf einem Stuhl.
Setz dich bitte hierhin.

Es gibt einige wichtige Ausdrücke mit diesen Verben:

auf eigenen Füßen stehen	*für sich selbst sorgen*
zu jm. stehen	*jn. unterstützen*
Schlange stehen	*mit anderen in einer Linie stehend warten*

Merke!

Das Wort ***Schlange*** hat zwei Bedeutungen: Es kann ein **Kriechtier** benennen oder für eine **Reihe von warteten Menschen** stehen!

etw. (Kleidung) steht jm. gut	*jd. sieht gut (in dieser Kleidung) aus*
alles stehen und liegen lassen	*eine Sache plötzlich abbrechen, weil dringendere Dinge zu tun sind*
sich (nicht so) anstellen	*(nicht so) empfindlich sein*
eine Uhr stellen	*die Uhrzeit einstellen*
etw. ins Netz stellen	*etw. im Internet veröffentlichen*
etw., jn. links liegen lassen	*etw., jn. nicht beachten*
mit etw. richtig liegen	*mit etw. Recht haben*
sich (nicht) mit jm. anlegen	*(keinen) Ärger mit jm. anfangen*
etw. zur Seite legen	*etw. Geld sparen*

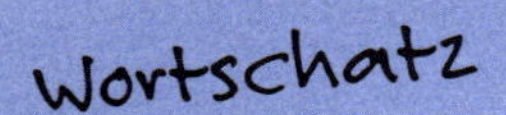

großen Wert auf etw. legen	*etw. sehr wichtig nehmen*
im Gefängnis sitzen	*im Gefängnis eingesperrt sein*
wie angegossen sitzen	*genau passen*
sitzenbleiben	*ein Schuljahr wiederholen müssen*
auf etw. sitzen bleiben	*etw. nicht loswerden*
jn. sitzen lassen	*jn. allein lassen*
sich in Bewegung setzen	*anfangen sich zu bewegen*

sich ereignen – passieren – stattfinden

Achtung!

Bei **Naturereignissen** verwendet man nie passieren. Sie **ereignen** sich.

Wenn ein Geschehen ungeplant abläuft, kann man **sich ereignen** und **passieren** benutzen.

An der Ecke ist ein Unfall passiert.
An der Ecke hat sich ein Unfall ereignet.
Wie ist das passiert?
Wie hat sich das ereignet?

Beachten Sie: Nur **passieren** kann eine Dativ-Ergänzung aufnehmen. Sie können also nicht fragen:

~~*Wem hat sich das ereignet?*~~ sondern nur:
Wem ist das passiert?

stattfinden setzt jedoch vorherige Planung voraus.

Das Fest findet am Sonntag statt.
Das Fußballspiel hat nicht stattgefunden.

brauchen – gebrauchen

Auch diese beiden Verben sind sich sehr ähnlich.

brauchen bedeutet *nötig haben, verwenden, verbrauchen.*

Ich brauche eine Brille.

Wir brauchen noch Salz.

Er braucht Hilfe.

Dieses Projekt braucht viel Zeit und Geld.

gebrauchen bedeutet *verwenden, benutzen.* Es wird fast nur im Infinitiv gebraucht (!).

Ich kann das gut gebrauchen.

Für diese Maltechnik gebrauche ich einen Spachtel.

klappen

Merkhilfe

Etwas **hat geklappt**, wenn es so geschehen ist, wie man es gewünscht hat. Aber der Deckel der Kiste **ist zugeklappt** und der kaputte Stuhl **ist zusammengeklappt**!

erschrecken

erschrecken kann als starkes Verb (erschrickt, erschrak, ist erschrocken) benutzt werden. In diesem Fall passiert etwas mit dem Subjekt.

Ich erschrak, als das Auto plötzlich neben mir auftauchte.

Als er von ihrem Unfall hörte, war er sehr erschrocken.

Als schwaches Verb (erschreckt, erschreckte, hat erschreckt) bezeichnet es eine aktive Handlung des Subjekts. Das Subjekt jagt jemanden einen Schrecken ein.

Du hast mich erschreckt.

Die Explosion erschreckte die Bevölkerung.

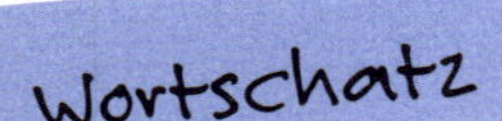

sich vorstellen

Dieses trennbare Verb kann im Akkusativ und im Dativ benutzt werden:

Ich stelle mich vor. Mein Name ist …

Ich stelle mir (etwas) vor. In meiner Fantasie erscheint ein Bild …

fallen – fällen

Dies sind zwei ganz unterschiedliche Verben. Man konjugiert sie so:

fallen (fällt, fiel, ist gefallen)

fällen (fällt, fällte, hat gefällt)

Info

Die Blätter fallen von den Bäumen, wenn die Temperaturen fallen. Aber ein Baum fällt, wenn er gefällt, also abgesägt wird.

nutzen – nützen – benutzen

nutzen kann man z. B. eine Möglichkeit, eine Gelegenheit, eine Chance, einen Vorteil, ein Angebot, Zeit.

Wir nutzen fossile Rohstoffe zur Energiegewinnung.

Die freie Zeit sollten wir für einen Ausflug nutzen.

nützen, also von Nutzen oder Vorteil sein, kann z. B. Medizin, eine Lüge.

Die Medizin nützt gar nichts.

Seine Sprachkenntnisse haben ihm im Ausland sehr genützt.

Das Gegenteil von **nützen** ist **schaden**. Beides sind intransitive Verben. Sie fordern eine Dativ-Ergänzung:

Wem hat das genützt?

Es hat ihm nicht geschadet.

benutzen kann man z. B. ein Werkzeug, ein Mittel für einen Zweck.

Ich benutze eine Schere, um das Papier zu zerschneiden.
Ich benutze eine elektrische Zahnbürste.
Als Radfahrer musst du hier den Radweg benutzen.
Darf ich Ihre Toilette benutzen?
Benutze bitte den vorderen Eingang.

Info

benützen sagt man besonders in Süddeutschland, Österreich und in der Schweiz!

senden

Dieses Verb hat zwei Bedeutungen. Die Bildung des Präteritum ist jeweils unterschiedlich!
In der Bedeutung *schicken, an einen Ort bringen lassen* und *eine Person an einen Ort gehen lassen* ist als Präteritum **sandte** und **sendete** möglich.

In der Bedeutung *über Radio und Fernseher verbreiten* wird nur das Präteritum **sendete** gebildet.

wenden

Die beiden Bedeutungen dieses Verbs können leicht verwechselt werden.
wenden (wendete, hat gewendet) bedeutet *durch Drehen in eine andere Position oder die entgegengesetzte Richtung bringen*.

Dieses Verb kann auch reflexiv benutzt werden. **Sich wenden** (wendete sich/wandte sich, hat sich gewendet/gewandt) hat die Bedeutung *eine Frage oder Bitte an eine Person richten*.

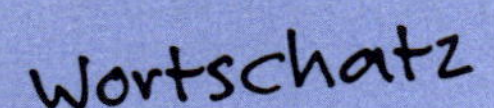

Adjektive

auf – offen

auf wird benutzt, wenn man eine Handlung beschreibt:

Ich mache die Tür auf.

offen wird benutzt, wenn man einen Zustand beschreibt:

Die Tür ist offen.

besser – mehr

besser ist der Komparativ von gut.
mehr ist der Komparativ von viel.

Wenn Sie sich nicht sicher sind, welches dieser Wörter passt, bilden Sie den Satz zunächst mit dem Positiv.

Ich arbeite schon sehr viel, ich kann nicht noch mehr arbeiten.
Hier wird etwas über die Quantität, die Menge der Arbeit ausgesagt.

Ich arbeite schon sehr gut, ich kann nicht noch besser arbeiten.
Hier wird etwas über die Qualität, die Güte der Arbeit ausgesagt.

dasselbe – das gleiche

das gleiche meint: das eine ist dem anderen sehr ähnlich, ist aber nicht das andere. Es gibt mehrere Dinge, die ich miteinander vergleichen kann:

Ich habe mir die gleichen Schuhe gekauft.
Ich fahre das gleiche Auto.

dasselbe bezeichnet Identität. Es gibt nur dieses eine Ding:

Er trägt dasselbe Hemd wie gestern.
Wir gehen zu demselben Frisör.
Wir leben in derselben Wohnung.

komisch

Das Wort **komisch** wird in zwei unterschiedlichen Bedeutungen benutzt:

- lustig, zum Lachen:

  Er erzählte einen komischen Witz.

  Gestern ist mir etwas Komisches passiert.

- seltsam:

  Ich hatte gleich ein komisches Gefühl bei der Sache.

  Das kommt mir komisch vor.

Konjunktionen

als – wenn

Temporale Nebensätze, die mit den Konjunktionen *wenn* und *als* eingeleitet werden, sind sich sehr ähnlich. Beide drücken die Gleichzeitigkeit von zwei Handlungen aus. In beiden Fällen fragt man mit *wann?* nach der Konjunktion.

als benutzt man nur bei **einmaligen Handlungen** in der **Vergangenheit:**

(In dem Moment,) ***als*** *ich am Bahnhof ankam, fuhr der Zug los.*

Diese einmaligen Handlungen können aber auch länger als einen Moment dauern:

Als *ich Kind war, mochte ich keinen Kaffee.*

wenn benutzt man bei **mehrmaligen Handlungen** in der **Gegenwart**, in der **Zukunft** und in der **Vergangenheit:**

(Jedes Mal,) ***wenn*** *ich zu spät komme, wird mein Freund sauer.*

(Jedes Mal,) ***wenn*** *ich zu spät kam, wurde mein Freund sauer.*

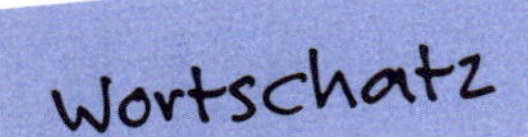

Redet man von der Zukunft, kann man *wenn* auch für einmalige Handlungen benutzen:

__Wenn__ ich morgen zu spät komme, wird mein Freund sauer.

Das Wort *wenn* kann aber auch synonym gebraucht werden für *falls*, *unter der Voraussetzung, dass ...*

__Wenn__ du möchtest, kannst du mitkommen.

	Vergangenheit	Gegenwart	Zukunft
einmalig	**als**		**wenn**
mehrmalig	**wenn**	**wenn**	**wenn**

denn – weil

Beide Konjunktionen leiten Kausalsätze ein. In beiden Fällen fragt man mit *warum?* nach der Begründung für eine Handlung oder einen Sachverhalt.

denn leitet einen Hauptsatz ein, ist also nebenordnend.

Ich putze meine Schuhe, __denn__ sie sind dreckig.

Die Konjunktion steht auf Position 0, das Verb steht auf Position 2.

weil leitet einen Nebensatz ein, ist also unterordnend.

Ich putze meine Schuhe, __weil__ sie dreckig sind.

Das Verb steht am Ende des Nebensatzes!

Info

Statt ***weil*** kann man ebenso gut auch ***da*** benutzen!

seit – seid

seit ist eine Konjunktion, die einen temporalen Nebensatz einleitet:

*Ich arbeite hier, **seit** ich in Deutschland bin.*

seit ist auch eine Präposition, die den Dativ verlangt:

*Ich lerne **seit** zwei Jahren Deutsch.*

seid ist eine Form des Verbs *sein*:

***Seid** ihr zufrieden? Ihr **seid** so still.*

trotzdem – obwohl

Beides sind Konjunktionen, mit denen Sie Konzessivsätze bilden können. Sie verhalten sich grammatikalisch und logisch unterschiedlich.

trotzdem verbindet zwei Hauptsätze miteinander. Der **erste Hauptsatz** enthält die Einschränkung, den Grund für das *Trotz*. Im **zweiten Hauptsatz** steht *trotzdem* auf Position 0 oder 3. Das Verb steht auf Position 2.

*Es ist kalt draußen, **trotzdem** gehe ich spazieren.*

*Es ist kalt draußen. Ich gehe **trotzdem** spazieren.*

obwohl bindet einen Nebensatz an einen Hauptsatz. Die Einschränkung, der Grund für das *obwohl* folgt direkt auf *obwohl*.

*Ich gehe spazieren, **obwohl** es draußen kalt ist.*

Der Nebensatz kann auch vor dem Hauptsatz stehen.

***Obwohl** es draußen kalt ist, gehe ich spazieren.*

Wussten Sie schon?

Wenn Sie ***trotz*** verwenden, reicht auch ein Hauptsatz.

***Trotz** der Kälte gehe ich spazieren.*

Trotz verlangt den Genitiv!

Andere Wortarten

jeder – alle

Beide werden als Indefinitpronomen benutzt. Der entscheidende Unterschied:

jeder verlangt den Singular.

__Jeder__ Teilnehmer hat sich gut vorbereitet.

alle verlangt den Plural.

__Alle__ Teilnehmer haben die Prüfung bestanden.

nur– erst

Beide Adverbien werden verwendet als Synonym von *nicht mehr als*:

Ich habe __nur__ 60 Punkte bekommen.

Ich habe __erst__ 60 Punkte bekommen.

Wenn Sie **erst** benutzen, betonen Sie aber die Möglichkeit, dass es in der Zukunft noch mehr werden (können):

Ich bin __nur__ 1,60 Meter groß. Ich werde nicht größer.

Ich bin __erst__ 1,60 Meter groß, aber ich wachse noch.

Es war __erst__ zehn Uhr, der Tag war noch lang.

Du hast __erst__ ein Brötchen gegessen, iss noch ein zweites.

Für bereits abgeschlossene Vorgänge können Sie also nur ***nur*** benutzen.

wohin – woher

wohin fragt nach dem Ziel. An welchen Ort? In welche Richtung?

__Wohin__ gehen wir?

woher fragt nach dem Ausgangspunkt. Von welchem Ort? Aus welcher Richtung?

__Woher__ kommst du?

Wenn man aber wissen will, welchen Weg man nehmen soll, fragt man:

Ich muss ins Krankenhaus. __Wie__ komme ich dorthin?

was für ein – welch-

welch- fragt nach einer bestimmten Sache aus einer Gruppe. Die Antwort enthält einen bestimmten Artikel:

In ***welchem*** *Haus wohnst du? In* ***diesem*** *Haus.*

was für ein fragt nach den Eigenschaften einer Sache. In der Antwort steht ein unbestimmter Artikel:

In ***was für einem*** *Haus wohnst du? In* ***einem*** *Hochhaus.*

endlich – schließlich

endlich drückt Ungeduld über langes Warten aus:

Na ***endlich****!*

Endlich *beschlossen wir, dass ...*

schließlich bezeichnet etwas, das zum Schluss, zuletzt geschieht:

Schließlich *fanden wir doch noch den richtigen Weg.*

Es kann aber auch als Synonym für *immerhin* benutzt werden:

Ich bezahle die Rechnung. ***Schließlich*** *verdiene ich mehr als du.*

da – dann – damals

da gibt an, dass eine Handlung plötzlich, in diesem Moment, zu diesem Zeitpunkt stattfindet:

Das Licht ging aus. ***Da*** *hörte man einen lauten Schrei.*

dann gibt an, dass eine Handlung auf ein vorheriges Ereignis folgt:

Erst gingen wir schnell, ***dann*** *immer langsamer.*

damals gibt an, dass ein Ereignis oder eine Handlung zu einem Zeitpunkt stattgefunden hat, der länger zurückliegt:

Den Baum habe ich gepflanzt. ***Damals*** *lebte mein Opa noch.*

Damals *fuhren die Menschen mit Pferdekutschen.*

da- + Präposition

Die Zusammensetzungen verweisen immer auf den vorangegangenen oder nachfolgenden Text:

Ich fahre in Urlaub. ***Darauf*** *freue ich mich.*

Ich denke ***daran,*** *mir früh genug ein Ticket zu kaufen.*

vorher – früher – neulich

vorher gibt an, dass etwas vor einem anderen Geschehen, einer anderen Handlung stattgefunden hat:

Ich gehe ins Bett. ***Vorher*** *putze ich mir die Zähne.*

früher gibt an, dass etwas vor langer Zeit geschehen ist:

Ich habe ***früher*** *in Köln gewohnt.*

neulich gibt an, dass etwas vor kurzer Zeit geschehen ist:

Neulich *habe ich meinen Onkel getroffen.*

das – dass

das ist ein bestimmter Artikel. In einem Relativsatz verweist er auf eine bereits vorher erwähnte Person oder Sache. In dem Fall kann man ihn durch *dieses* oder *welches* ersetzen:

Das Auto, ***das*** *auf dem Parkplatz steht, ...*

dass kann nicht ersetzt werden. Es leitet Nebensätze ein:

Er ist so krank, ***dass*** *er nicht zur Arbeit kommen kann.*

Es war so kalt, ***dass*** *ich fror.*

Oft steht es in Verbindung mit Präpositionen wie *so*, *als* und *ohne*:

Er ist krank, ***sodass*** *er nicht zur Arbeit kommen kann.*

Er ist zu krank, ***als dass*** *er zur Arbeit kommen könnte.*

Außer dass *es zu kalt war, fanden wir den Ausflug sehr schön.*

als – wie

Die Vergleichspartikel beim Adjektiv werden auch von Deutschen oft falsch benutzt. **wie** wird benutzt bei Gleichheit der miteinander verglichenen Objekte. Das Adjektiv wird nicht gesteigert.

Ich bin genauso groß ***wie*** *du.*

Ich bin nicht so groß ***wie*** *du.*

Zur Steigerung von Adjektiven vgl. Kapitel 2.2.

als wird benutzt bei Ungleichheit der miteinander verglichenen Objekte. Das Adjektiv wird gesteigert auf die erste Steigerungsstufe, den Komparativ.

Ich bin größer ***als*** *du.*

Ich bin nicht größer ***als*** *du.*

so	Adjektiv Positiv	**wie**
–	Adjektiv Komparativ	**als**

Merkhilfe

Diese Ausnahme wird häufig benutzt: **anders als**

zu – nach – in

Ab und zu gehen wir zu unserem Vergnügen zu Fuß zu der Burg, denn mit dem Fahrrad ist uns der Weg zu steil. Doch heute war das Tor zu, da war nichts zu ändern.

Diese beiden Sätze zeigen, dass das Wort **zu** ganz unterschiedlich benutzt wird. Es kann

- die Richtung einer Bewegung angeben:
  Wir gehen ***zu*** *der Burg.*
- die Art und Weise einer Bewegung kennzeichnen:
  Wir gehen ***zu*** *Fuß.*
- die Art und Weise, in der etwas geschieht, kennzeichnen:
  Wir gehen ***zu*** *unserem Vergnügen.*
- den Zeitpunkt einer Handlung angeben:
  ab und ***zu****, von Zeit* ***zu*** *Zeit,* ***zu*** *Silvester …*
- ein Maß, das nicht mehr akzeptiert wird, kennzeichnen:
  Der Weg ist ***zu*** *steil. Der Eintritt ist* ***zu*** *teuer.*

- umgangssprachlich für *geschlossen* gesagt werden:
  *Die Tür ist **zu**.*
- in Verbindung mit dem Infinitiv benutzt werden:
  *Das ist nicht **zu** ändern.*

Die Richtung einer Bewegung kann auch mit **nach** angegeben werden. Dies gilt meistens bei Ländern und Städten, die keinen Artikel haben.

*Ich fahre **nach** Belgien/**nach** Brüssel.*
*Gehen Sie **nach** links/**nach** Hause.*

Ist das Ziel der Bewegung eine Person, benutzt man **zu**:

*Ich gehe **zum** Bäcker/**zu** meiner Freundin/**zum** Arzt.*

in benutzt man,

- wenn Ländernamen einen Artikel haben:
  *Wir fahren **in** die Türkei/**in** die Schweiz/**in** die Ukraine.*
- wenn Ziel der Bewegung etwas dreidimensionales, also z. B. ein Gebäude ist:
  *Ich gehe **in** die Schule/**ins** Kino/**in** die Bäckerei.*

auf benutzt man, wenn das Ziel eher

- eine zweidimensionale Fläche ist:
  *Ich gehe **auf** den Markt/**auf** den Parkplatz/**auf** die Wiese.*
- wenn das Ziel höher als die Umgebung ist:
  *Ich steige **auf** einen Turm.*
  *Ich klettere **auf** einen Berg.*

Merkhilfe

Ich setze mich **in** den Sessel, wenn ich ihn als dreidimensionalen Raum empfinde.
Aber ich setze mich **auf** das Sofa, wenn ich es als zweidimensionale Fläche empfinde.

Ich lege mich **in** das Bett, wenn ich eine Decke auf mich lege (drei Dimensionen!).
Decke ich mich nicht zu, dann lege ich mich **auf** das Bett (zwei Dimensionen!).

Vorsilben

end- und ent-

Die Vorsilbe **end-** bezieht sich auf das Ende, also den Schluss einer Handlung, einer Dauer oder einer Strecke. Sie wird immer betont.

endlich, nämlich am Schluss einer langen Wartezeit
endlos, also ohne Ende
endgültig, nämlich nicht mehr zu ändern

Die Vorsilbe **ent-** dagegen wird nicht betont. Sie wird benutzt,

- wenn etwas beginnt:
  entdecken, *entstehen*, *entwickeln* ...
- wenn etwas von etwas weggenommen wird:
  entschuldigen, *entfernen* ...
- wenn ein Zustand beendet wird:
  enttäuschen, *entlassen*, *entscheiden* ...
- Weitere wichtige Wörter mit der Vorsilbe *ent-* sind:
  entgegen, *entlang*, *entsetzlich*, *entweder*

wider und wieder

wider drückt einen Gegensatz aus. Die wichtigsten Wörter mit *wider* sind:

widerspiegeln	*erwidern*
widersprechen	*widerwillig*
widerstehen	*widerlich*
widerlegen	*unwiderstehlich*

wieder drückt aus, dass etwas noch einmal passiert:

wiedergeben	*wiederum*
wiederholen	*auf Wiederhören*
wiederkommen	*Wiedervereinigung*

Übungen

5 *wenn* oder *als*? Setzen Sie ein!

1. Ich stehe meistens sofort auf, ... der Wecker klingelt.
2. .... ich Zahnschmerzen hatte, musste ich zum Zahnarzt gehen.
3. .... die Sonne scheint, gehe ich gern ins Freibad.
4. Ich fuhr gerade auf die Kreuzung, ... neben mir jemand laut hupte.
5. .... ich noch bei meinen Eltern wohnte, hatte ich keinen eigenen Fernseher.
6. Bring Brötchen mit, ... du morgen kommst.

6 Setzen Sie die richtigen Artikel und Pronomen ein!

1. .... Junge nahm .... Katzenjunge auf den Arm.
2. Im Urlaub möchten wir ans Wasser fahren:
   entweder an .... Nordsee
   oder an .... Bodensee.
3. .... Leiter der Abteilung holte ein .... Leiter, um die kaputte Glühbirne auszuwechseln.
4. Das Geschenk war mit ein .... schönen Band geschmückt. Als ich es auspackte, fand ich darin eine CD von mein .... Lieblingsband.
5. Als Autofahrer darf man .... Steuer nicht loslassen.

7 *machen* oder *tun*? Setzen Sie ein!

1. Ich .... Urlaub in Österreich.

2. Kannst du mir bitte einen Gefallen ....?

3. Er .... seine Hausaufgaben, danach ging er ins Kino.

4. Räum sofort dein Zimmer auf und .... sauber!

5. Nachdem ich beim Zahnarzt war, ... meine Backe weh.

6. Ich habe keine Zeit, denn ich habe sehr viel zu ....

8 *jeder* oder *alle*? Setzen Sie ein!

1. Nicht .... haben den Text gelesen.

2. .... wollte im Riesenrad mitfahren.

3. .... seine Kühe haben einen Namen.

4. .... Zuschauer merkten, dass es eine ernste Situation war.

5. .... Einzelnen war klar, dass es eine ernste Situation war.

6. Der Film ist für Zuschauer .... Alters.

Typische Fehlerquellen im Wortschatz – kurz und knapp

Wortbildung

In der deutschen Sprache gibt es viele Möglichkeiten, die Grundwörter zu verändern. So kann man unzählige neue Wörter bilden. Manche davon stehen zwar nicht im Wörterbuch, werden aber trotzdem leicht verstanden. Nutzen Sie diese Möglichkeiten! Dadurch können auch Sie als Deutschlerner sehr kreativ mit der Sprache umgehen.

Vor- und Nachsilben

Aber manchmal sind Wörter auch sehr unflexibel: nämlich dann, wenn sie Teil einer festen Verbindung sind. So sind die Verbindungen von Verben mit Vor- oder Nachsilbe meistens sehr fest. Hier hilft nur: Prägen Sie sich die jeweilige Bedeutung ein. Lernen Sie Vokabeln nach Wortfamilien und bilden Sie jeweils Beispielsätze. So bleiben sie am besten im Gedächtnis.

Verwechselungsgefahr

Missverständnisse können schnell entstehen, wenn Sie Nomen mit falschem Artikel benutzen. Besonders leicht geschieht dies, wenn ein Nomen zwei unterschiedliche Artikel und dann auch zwei Bedeutungen hat. Prägen Sie sich diese Wörter besonders ein.

Häufig falsch benutzte Wörter

Wenn Sie Verben wie *machen* und *tun* verwechseln, ist das zwar kein gutes Deutsch, doch man wird Sie meistens trotzdem verstehen. Wollen Sie sich aber genau und fehlerfrei ausdrücken, sollten Sie sich die Erklärungen und Beispiele in diesem Kapitel gut einprägen.

Zwischentest Wortschatz

1 *finden* oder *merken*? Setzen Sie ein!

1. Der Hund zitterte. Lisa ...., dass er Angst hatte.
2. Wie viele Fehler .... du in diesem Text?
3. Sie ...., dass sie sich verrechnet hatte.
4. Er stand vor dem Schwimmbad und ...., dass er seine Badehose vergessen hatte.
5. .... du nicht auch, dass diese Geschichte sehr spannend ist?
6. Willst du nicht deinen Schirm aufmachen? .... du nicht, dass es regnet?
7. Ich ...., dass du eine neue Jacke hast.
8. Ich ...., dass deine neue Jacke schön ist.

2 Welches Wort ist Grundwort für den ersten Teil und Bestimmungswort für den letzten Teil? Finden Sie das Brückenwort!

1. Feuer .... zeug
2. Fuß .... spiel
3. Trink .... börse
4. Wörter .... stabe
5. Fahr .... geber

3 *denn* oder *weil*? Setzen Sie ein!

1. Ich backe einen Kuchen, ... ich bekomme morgen Besuch.
2. Die Mannschaft hat das Spiel gewonnen, ... sie war einfach besser.
3. Ich kam zu spät, ... mein Zug Verspätung hatte.
4. Ich muss zum Arzt, ... ich habe Fieber.
5. Ich singe ein Lied, ... ich froh bin.
6. .... mein Drucker kaputt ist, kann ich dir das Dokument nicht ausdrucken.

4 *was für ein* oder *welch-*? Setzen Sie ein! Achten Sie auf die Endungen.

1. .... Fahrrad wünschst du dir? Eines mit Gangschaltung.
2. .... Kleid soll ich anziehen, das rote oder das blaue?
3. .... Film wollen wir uns ansehen? James Bond.
4. .... Geschichte möchtest du hören? Eine spannende.
5. In .... Stadt möchtest du gerne leben? In Köln.

2. Grammatik

2.1 Verben

Zur Unterscheidung hilft die Frage: Welche Silbe ist betont? Mehr zu diesem Punkt finden Sie im Kapitel 3.1. Informationen zur Rechtschreibung finden Sie im Kapitel 3.2.

Das Verb spielt in der deutschen Grammatik die wichtigste Rolle. Es bildet das Prädikat. Ohne Prädikat ist ein Satz nicht vollständig und von ihm hängen alle anderen Satzteile ab. Für die Konjugation der Verben sind zwei Merkmale besonders wichtig:

- trennbar oder nicht trennbar?
- erste Silbe betont oder unbetont?

Untrennbar sind Verben, die mit folgenden unbetonten Vorsilben beginnen:

be- emp- ent- er- ge- miss- ver- zer-

Verben mit diesen Vorsilben können **trennbar und untrennbar** sein:

durch- hinter- über- um- unter- voll- wider- wieder-

Das **Partizip II** wird normalerweise mit der Vorsilbe *ge-* gebildet.
Bei Verben mit Verbzusatz (also bei den meisten trennbaren Verben) steht das *ge-* **hinter** dem Verbzusatz:

***wieder**holen: Ich habe den Ball wiedergeholt.*

Doch Verben, die im Infinitiv nicht auf der ersten Silbe betont werden, haben im Partizip II kein *ge-*.

*wieder**holen**: Ich habe die Vokabeln wiederholt.*

Verben mit Präpositionen

Viele Präpositionen hängen vom Verb ab. Meistens stehen sie in einem bestimmten Kasus.

- Diese Präpositionen stehen immer im **Akkusativ**:
  durch für gegen ohne um
- Diese Präpositionen stehen immer im **Dativ**:
  aus bei entgegen mit nach seit von zu
- Diese Präpositionen stehen immer im **Genitiv**:
  während wegen statt trotz

Einige Präpositionen stehen je nach Bedeutung im Akkusativ oder im Dativ. Man nennt sie **Wechselpräpositionen**. Auf die Frage *Wohin?* folgt der Akkusativ, auf die Frage *Wo?* folgt der Dativ:

an auf hinter in neben über unter vor zwischen

Wohin hängst du die Jacke? An den Haken.
Wo hängt die Jacke? An dem Haken.

Lerntipp

Lernen Sie solche Verben immer sofort mit Präposition und Kasus!

Reflexive Verben

Einige Schwierigkeiten bereitet diese Verbgruppe, denn es gibt echte und unechte Reflexiva. Kennzeichen der **echten reflexiven Verben**:

- das Reflexivpronomen bezieht sich direkt auf das Subjekt
- das Reflexivpronomen kann nicht wegfallen
- das Reflexivpronomen kann nicht ersetzt werden.

Hier einige wichtige echte Reflexiva mit Präposition und Kasus:

mich	ärgern (über + Akk.)	mich	irren
	bedanken (bei + Dat.)		kümmern (um + Akk.)
	beeilen		verabreden (mit + Dat.)
	beschweren (bei + Dat., über + Akk.)		verhalten
	bewerben (bei + Dat., um + Akk.)		verlieben (in + Akk.)
	erholen		wundern (über + Akk.)
	erkälten	mir	aneignen
	freuen (auf + Akk., über + Akk.)		ausdenken
	interessieren (für + Akk.)		einbilden

Lerntipp

Das Perfekt aller reflexiven Verben wird mit dem Hilfsverb **haben** gebildet.

Mit echten reflexiven Verben kann kein **Handlungspassiv** (mit *werden*) gebildet werden, denn das Reflexivpronomen bezieht sich direkt auf das Subjekt. Eine Umkehr der Sehrichtung ist also nicht möglich:

~~*Er wird um sich gekümmert.*~~

Hier geht: *Es wird sich um ihn gekümmert.*

Auch das **Zustandspassiv** (mit *sein*) ist nicht möglich:

~~*Er ist sich verliebt.*~~

Stattdessen kann das **Zustandsreflexiv** gebildet werden (mit *sein* und Partizip II). Das Reflexivpronomen fällt dann weg:

Er ist verliebt.

Bei **unechten reflexiven Verben** ist das Reflexivpronomen tatsächlich ein Akkusativobjekt:

Ich wasche mich.

Machen Sie die Probe, indem Sie das Reflexivpronomen durch ein anderes Akkusativobjekt ersetzen:

Ich wasche den Pullover.

Wenn jetzt noch ein zweites Objekt hinzukommt, steht die Person im Dativ und die Sache im Akkusativ:

Ich wasche mir die Haare.

Infinitive

Wenn in einem (Teil-)Satz zwei Verben stehen sollen, wird eines davon unkonjugiert als Infinitiv benutzt.

Der **Infinitiv ohne zu** kann nur in Verbindung mit **Modalverben** und mit den Verben **bleiben, lassen, gehen, fahren, sehen** und **hören** stehen.

Bleib stehen, lass es sein.

Sätze, die einen **Infinitiv mit zu** enthalten, nennt man Infinitivsätze. Hier gibt es einen Hauptsatz, in dem das Subjekt genannt wird, und einen subjektlosen Nebensatz. Der Infinitiv steht am Ende der Konstruktion.

Wir trafen uns, um gemeinsam zu kochen.

Er ging ins Kino, um sich den Film anzuschauen.

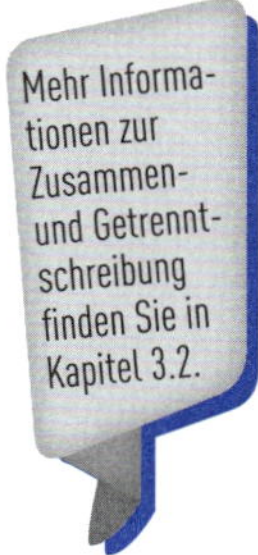

Merke!

zu und **Infinitiv** sind zwei Wörter, sie werden getrennt geschrieben! Bei einem trennbaren Verb rückt das **zu** zwischen Verbzusatz und Grundform. Diese Konstruktion wird zusammengeschrieben.

Ein Infinitivsatz kann nur gebildet werden, wenn sich der einleitende Satz und der Ergänzungssatz auf dieselbe Person oder Sache beziehen:

Ich hoffe, dass du Zeit hast. (zwei Personen, also kein Infinitivsatz möglich!)

Ich hoffe, dass ich Zeit habe.

*Ich hoffe[,] Zeit **zu** haben.* (dieselbe Person, also Infinitivsatz möglich!)

Verbstellung

Im Deutschen können fast alle Satzglieder frei im **Hauptsatz** angeordnet werden. Nur die **Stellung des Verbs** ist bindend.

Position 1	• Entscheidungsfrage • Aufforderungssatz	***Willst** du noch Tee?* ***Gib** mir bitte das Buch.*
Position 2	• Aussagesatz • Auskunftsfrage	*Er **gibt** mir das Buch.* *Was **liest** du gerade?*
Endstellung	• Nebensatz	*Als er **ankam**, sagte er …*

Steht ein Nebensatz vor einem Hauptsatz, wird er als Position 1 gezählt:

*Als wir müde **wurden, legten** wir uns ins Zelt.*

Die erste Position kann auch von wörtlicher Rede besetzt sein:

*„Wir **fahren** nach Italien“, **sagte** er.*

Im **Nebensatz** steht die Personalform des Verbs meist am Ende:

*Als er **ging**, nahm er den Schlüssel mit.*

Gibt es auch eine **infinite Verbform**, so steht sie im Nebensatz mit Einleitewort (Konjunktion, Relativpronomen, Fragepronomen, Adverb) vor dem konjugierten Verb:

*Nachdem er **gegangen war**, merkte sie, dass er den falschen Schlüssel **eingesteckt hatte**.*

Übungen

1 Welche Wortstellung ist richtig? Unterstreichen Sie!

1. Ich schreibe einen Brief meinem Freund / meinem Freund einen Brief.
2. Er brachte seiner Oma einen Kuchen / einen Kuchen seiner Oma.
3. Sie zeigt ihre Fotos uns / uns ihre Fotos gern.
4. Sagst du mir die Wahrheit / die Wahrheit mir?
5. Ich glaube kein Wort dir / dir kein Wort.

2 Bilden Sie mit den vorgegebenen Wörtern vollständige Sätze im Präteritum!

1. ich | abholen | mein Opa | von | der Bahnhof

   Gestern ....

2. ich | kennenlernen | nett | ein Junge

   Im Urlaub ....

3. ich | verlieren | der Schlüssel | von | die Garage

   Gestern ....

4. ich | vorlesen | meine Schwester | ein Märchen

   Gestern ....

5. wir | umbauen | ein Teil | unser Haus

   Im letzten Jahr ....

3 Bilden Sie das Partizip II!

1. Ich habe das Geschenk einpacken ....
2. Ich habe das Buch verlieren ....
3. Ich habe ihr Deutsch beibringen ....
4. Ich habe mir viel vornehmen ....
5. Ich bin weggehen ....
6. Ich habe Geld gewinnen ....

4 Akkusativ oder Dativ? Setzen Sie die richtigen Fragewörter und Pronomen ein!

1. .... liebst du? .... Freund.
2. .... hilfst du? .... neuen Kollegen.
3. Auf .... wartest du? Auf .... Vater.
4. .... holst du ab? .... Opa.
5. .... gehört dieses Fahrrad? .... Bruder.

2.2 Adjektive und Pronomen

Adjektivdeklination

Die Deklination des Adjektivs hängt ab von Numerus, Genus und Kasus des Nomens. In der deutschen Sprache gibt es zwei Deklinationsmuster:

Muster 1				
	m.	**f.**	**n.**	**Pl.**
Nom.	-e	-e	-e	-en
Akk.	-en	-e	-e	-en
Dat.	-en	-en	-en	-en
Gen.	-en	-en	-en	-en

Muster 1 gilt dann, wenn der Begleiter des Nomens (also Artikel oder Pronomen) die gleiche Endung hat wie der bestimmte Artikel des Nomens. Muster 1 gilt also bei

- bestimmtem Artikel: *der, die, das*
- Artikel, der mit einer Präposition verschmolzen ist: *am, im, beim, vom, zum, zur* (alle + Dat.), *ans, ins* (beide + Akk.)
- den Pronomen *dies-, jen-, jed-, manch- ,viel-, wenig-, all-*

	m.	**f.**	**n.**
Nom.	-er	-e	-es
Akk.	-en	-e	-es

Blau markiert sind hier die Veränderungen bei

- unbestimmtem Artikel: *ein-* ...
- Possessivpronomen: *mein-, dein-, unser-* ...
- indefiniten Pronomen: *kein-, irgendein-* ...

Muster 2				
	m.	f.	n.	Pl.
Nom.	-er	-e	-es	-e
Akk.	-en	-e	-es	-e
Dat.	-em	-er	-em	-en
Gen.	-en	-er	-en	-er

Muster 2 gilt bei Adjektiven

- vor Nomen ohne Artikel: *grünes Gras*
- nach nicht deklinierbaren Begleitern: *etwas*
- nach allen Zahlwörtern (Adjektiv immer im Plural!) außer *ein-* (Adjektiv immer im Singular!)

Lerntipp

Muster 2 entspricht fast der Deklination des bestimmten Artikels. Ausnahme ist die Endung im Genitiv Singular maskulin und neutrum.

Wenn **mehrere Adjektive** nebeneinander stehen, müssen Sie unterscheiden:

- Ist es eine Aufzählung? Dann werden beide Adjektive dekliniert:
  ein freundlicher, lächelnder Mann
  (der Mann ist freundlich und er lächelt)
  viele jüngere Geschwister

- Oder bestimmt das erste Adjektiv das zweite näher? Dann wird das erste Adjektiv nicht dekliniert:
  ein freundlich lächelnder Mann
  (der Mann lächelt freundlich)
  viel jüngere Geschwister

Steigerung

Erweitert sich der Komparativ noch um Kasusendungen, so bleiben – von rechts nach links gezählt – nur zwei *e* stehen (Ausnahme: *sauber*):

ein dunklerer Wald	entsprechend: *ein dunkler Wald*
ein saureres Obst	entsprechend: *eine saure Zitrone*
ein teureres Auto	entsprechend: *ein teures Auto*

Unregelmäßig gesteigerte Adjektive (und Adverbien)

bald	eher	ehest-
gern	lieber	liebst-
gut	besser	best-
groß	größer	größt-
hoch	höher	höchst-
nah	näher	nächst-
viel	mehr (ohne Kasus- und Pluralendung!)	meist-
wenig	weniger (ohne Kasus- und Pluralendung!)	wenigst-

Nicht steigerbare Adjektive (und Adverbien)

Manche Adjektive bezeichnen eine absolute Eigenschaft. Da diese Eigenschaft nicht mehr gesteigert werden kann, kann auch das Adjektiv nicht gesteigert werden. Dazu gehören z. B.:

absolut	ganz
anders	lebendig/tot
blind/stumm/taub ...	ledig/verheiratet
eckig/rund ...	mündlich/schriftlich
einzig	optimal

Merkhilfe

Entweder ist man lebendig oder tot, toter als tot kann man nicht werden. Trotzdem kommen solche Steigerungen im alltäglichen Sprachgebrauch vor.

Absoluter Komparativ

Der Komparativ kann auch absolut verwendet werden. Dann vergleicht er nicht zwei Dinge miteinander, sondern bezieht sich auf einen mittleren Grad einer Eigenschaft.

Ein älterer Mann ist jünger als ein alter Mann.
Eine längere Fahrt ist kürzer als eine lange Fahrt.

Da dieser mittlere Grad einer Eigenschaft individuell empfunden wird, kann man also nicht genau sagen, wie alt *älter* ist oder wie lang eine *längere* Fahrt ist.

Superlativ

Beim Komparativ werden zwei bekannte Dinge miteinander verglichen. Bei der zweiten Steigerungsstufe ist das nicht immer so. Dann muss man entscheiden, ob der Superlativ sich auf gleiche Dinge oder auf verschiedene Dinge bezieht.
Möglich sind diese Formen:

Das Pferd ist das schnellste (von allen Pferden bei diesem Rennen).
Das Pferd ist am schnellsten (nämlich schneller als Hase, Katze u.s.w.).

Pronomen in nachgestelltem Teilsatz

Mit Pronomen können Satzteile und ganze Sätze ersetzt werden, wenn diese vorher schon bekannt sind. Die Deklination der Pronomen richtet sich nach Anzahl und Geschlecht des ersetzten Satzteils:

*Wenn **dein Bruder** Grippe hat, soll **er** zum Arzt gehen.*
*Du brauchst keine **Milch** einkaufen, wir haben noch **welche**.*
*Wenn **man** Grippe hat, kann **man** andere anstecken.*
*Er **klettert in den Bergen, das** kann gefährlich sein.*

Werden **Pronomen** als Stellvertreter von Nomen benutzt, sollten diese Bedingungen erfüllt sein:

- Das Pronomen muss sich nach Geschlecht und Anzahl des Bezugsnomens richten.
- Das Pronomen muss (innerhalb eines Textes) in relativer Nähe zum Bezugsnomen stehen.
- Die Satzaussage muss logisch sein.

Kommen mehrere Nomen als Bezugswörter in Frage, ist es meistens besser, das Nomen zu wiederholen.
Ein Beispiel:

Die Kinder spielten mit den jungen Hunden. Sie waren ganz nass.

Hier ist unklar: Wer ist nass? Deutlicher ist:

Diese (nämlich die Hunde) waren ganz nass.
Oder: *Die Kinder waren ganz nass.*

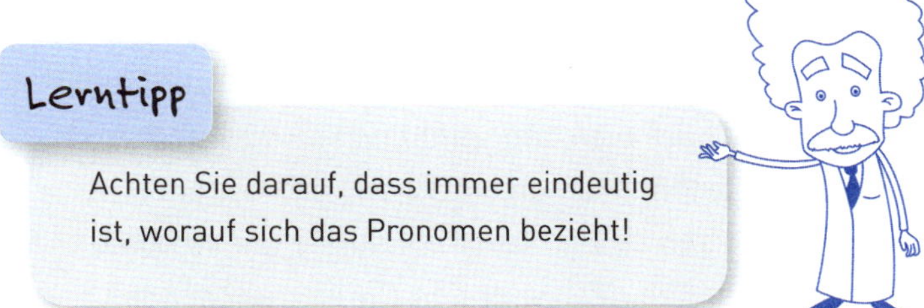

Die Demonstrativpronomen **diese** und **jene** können zusammen verwendet werden. Sie weisen dann auf zwei Bezugsworte eines Satzes hin. *Jene* bezieht sich dann auf das erstgenannte, *diese* auf das zweitgenannte Bezugswort:

Im Wald fand ich Pilze und Beeren. ***Diese*** *waren lecker,* ***jene*** *jedoch giftig.*

Auch der folgende Satz ist grammatisch korrekt, aber inhaltlich undeutlich:

Anna schreibt ihrer Freundin aus Deutschland.

Ist Anna in Deutschland und schreibt von dort aus? Oder ist die Freundin aus Deutschland, doch wo Anna gerade ist, erfährt der Leser nicht? Deutlicher sind die Sätze:

Aus Deutschland schreibt Anna ihrer Freundin.
Ihrer Freundin aus Deutschland schreibt Anna.
Anna schreibt ihrer deutschen Freundin.
Anna schreibt ihrer chinesischen Freundin aus Deutschland.

Durch die Stellungsfreiheit der Satzglieder können Sie selbst entscheiden, welche Fassung am besten zu dem passt, was Sie ausdrücken möchten.

Personalpronomen und Reflexivpronomen

stehen im Allgemeinen unmittelbar hinter

- einer finiten Verbform
- einer Konjunktion
- den Präpositionen *um*, *anstatt*, *ohne* in Infinitivkonstruktionen

Er hat ***sich*** *gefreut und* ***mich*** *angerufen, um* ***sich*** *zu bedanken.*

Das kann zu großem Abstand zum eigentlichen Verb führen:

Er hat ***sich*** *am Morgen direkt nach dem Aufstehen mit kaltem Wasser, aber ohne Seife am Seeufer hinter den Ohren* ***gewaschen****.*

Pronomen als Akkusativobjekt

Normalerweise steht ein Akkusativobjekt **hinter** einem Dativobjekt:

	Dativobjekt	Akkusativobjekt
Anna färbt	*sich*	*ihre Haare.*

Wenn das Akkusativobjekt ein Personalpronomen ist, steht es aber **vor** dem Dativobjekt:

	Akkusativobjekt	Dativobjekt	
Sie färbt	*sie*	*sich*	*rot.*

Deklination der Demonstrativpronomen *der, die, das*

	m.	f.	n.	Pl.
Nom.	der	die	das	die
Akk.	den	die	das	die
Dat.	dem	der	dem	denen
Gen.	dessen	deren	dessen	derer/deren

Die Endungen entsprechen denen im **Muster 2** der Adjektivdeklination.
Blau markiert sind hier die Abweichungen.
Beachten Sie:

Ich habe Ärger mit meinem Freund.

Ich hatte einen Unfall mit ***dem neuen*** *Fahrrad. (Demonstrativpronomen im Dativ: -em, Adj.: -en)*

Ich hatte einen Unfall mit ***dessen neuem*** *Fahrrad. (Demonstrativpronomen im Genitiv: -en, Adj.: -em)*

Auch die Deklination der Relativpronomen folgt diesem Muster. Im Genitiv Plural ist allerdings nur **deren** möglich.

Indefinitpronomen

Die Indefinitpronomen ähneln den unbestimmten Zahlwörtern. Sie verhalten sich aber grammatisch unterschiedlich:

Indefinitpronomen	unbestimmte Zahlwörter
jemand, niemand, man, etwas, alles, kein-, einig-, manch- ...	*viel-, wenig-, ander-, einzeln-, sämtlich-, meiste, sonstig-, verschieden-, unzählig- ...*
• nicht nominalisierbar (keine Großschreibung!)	• in Nomen umzuwandeln (dann Großschreibung!)
• deshalb nicht artikelfähig	• deshalb artikelfähig

Possessivpronomen

Possessivpronomen geben an:

- das Geschlecht des Besitzers
- das Geschlecht des Gegenstandes, der Sache

sein Hut, ihre Mütze, ihr Kleid, euer Garten, eure Wohnung, euer Wohnzimmer

Das Possessivpronomen kann auch als Stellvertreter im Satz stehen:

Welcher Hund hat Hunger? Meiner.
Welchen Hund füttern wir zuerst? Meinen (Hund).
Welchem Hund geben wir den Knochen? Meinem (Hund).
Wessen Hund ist der Knochen? Meines (Hundes).
Diese Form wird in der Normalsprache aber sehr selten benutzt!

Die Formenbildung im Überblick:

	Geschlecht der Sache			
	m.	**f.**	**n.**	**pl.**
Nom.	-er	-e	-s	-e
Akk.	-en	-e	-s	-e
Dat.	-em	-er	-em	-en
Gen.	-es	-er	-es	-er

Es

Dieses kleine Wort hat viele verschiedene Funktionen. Es tritt auf als

- Pronomen im Nominativ und im Akkusativ:

  *Wie findest du mein Kleid? Ich finde, **es** steht dir sehr gut.*

  *Ich habe **es** in Paris gekauft.* (Im Akk. nur auf Position 3!)

  *Hast du Milch eingekauft? Nein, ich habe **es** vergessen.* (Pos. 3!)

- unpersönliches Subjekt:

  *Wie geht **es** dir?*

  ***Es** geht mir gut. /*

  *Mir geht **es** gut.*

- in Verbindung mit unpersönlichen Verben, die Sinneseindrücke (z. B. Geräusche), die Zeit und die Witterung beschreiben:

  ***Es** ist kalt.*

  ***Es** schmeckt.*

  ***Es** ist schon spät.*

  ***Es** regnet.*

  Wenn das Vorfeld von anderen Satzgliedern besetzt ist, rückt das *es* dahinter:

  *Gegen Mittag war **es** sehr heiß.*

- Satzeinleitung, wenn der Hauptsatz vor dem Nebensatz steht. Dies kommt vor allem bei dass-Sätzen und bei Infinitivsätzen vor. Wenn *es* bei der Umstellprobe (NS + HS) verschwindet, ist es kein Subjekt:

  ***Es** wundert mich, dass er angerufen hat.*

  Dass er angerufen hat, wundert mich.

  ***Es** ist hilfreich, diese Regel zu kennen.*

  Diese Regel zu kennen, ist hilfreich.

- **es** dient auch der unpersönlichen Ausdrucksweise:

Ich verstehe nicht, dass ...	*Es ist nicht zu verstehen, dass ...*
Mir ist aufgefallen, dass ...	*Es fällt auf, dass ...*

5 Was wünschen Sie sich zum Geburtstag? Wählen Sie passende Adjektive aus! Ergänzen Sie den unbestimmten Artikel!

klein | lecker | neu | schick | spannend | warm

1. Ich wünsche mir .... Anzug.
2. Ich wünsche mir .... Buch.
3. Ich wünsche mir .... Fahrrad.
4. Ich wünsche mir .... Hund.
5. Ich wünsche mir .... Mütze.
6. Ich wünsche mir .... Torte.

6 Setzen Sie ein! Achten Sie auf die richtigen Endungen!

1. Er besitzt zwei teuer .... Fahrräder.
2. Ich habe kein gut .... Gefühl bei der Sache.
3. Tu noch etwas grob .... Salz auf das fertig .... Essen.
4. Du kannst ein wertvoll .... Preis gewinnen, wenn du dies einfach .... Frage beantwortest.
5. Ich möchte mir ein dunkel .... Mantel mit hell .... Futter kaufen.
6. Hier kannst du viel nützlich .... Dinge des täglich .... Bedarfs kaufen.

7 Bilden Sie den Komparativ!

1. ein hoher Turm ....
2. eine junge Katze ....
3. ein sauberes Zimmer ....
4. ein halbes Brot ....
5. ein dickes Buch ....

8 Ergänzen Sie die Antwortsätze!

deiner | keine | keinen | meins | welchen | welches

1. Ist das dein Buch? Ja, das ist ....
2. Haben wir noch Milch? Nein, wir haben .... mehr.
3. Im Drucker ist kein Papier mehr. Bitte füllen Sie .... nach.
4. Welchen Kuchen sollen wir kaufen? Wir kaufen ...., wir backen selber ....
5. Ist das dein Kaffee? Nein, das muss .... sein.

2.3 Verbindungswörter

Verbindungswörter (Konjunktionen und Adverbien) verbinden Sätze und Teile von Sätzen miteinander, sodass eine bestimmte **inhaltliche Beziehung** zwischen den Satzgliedern hergestellt wird. Diese inhaltlichen Beziehungen lassen sich durch entsprechende W-Fragen unterscheiden.

Wann? Seit wann? Bis wann? Wie lange? ...	Zeit (temporal)
Wo? Wohin? Woher?	Ort (lokal)
Wie? Wodurch?	Art und Weise (modal)
Warum?	Ursache, Grund (kausal)
Wozu? Zu welchem Zweck?	Zweck, Ziel (final)
Was ist die Folge?	Folge (konsekutiv)
Weshalb? Wann, unter welcher Bedingung?	Bedingung (konditional)
Was ist die Bedingung für die nicht logische Folge?	Einschränkung durch einen Gegengrund (konzessiv)
Was ist der Gegensatz, die Einschränkung?	Einschränkung durch einen Gegensatz (adversativ)

Nebenordnende Verbindungswörter

Diese Wörter verbinden zwei Hauptsätze miteinander. Hier ist die Unterscheidung zwischen Konjunktionen und Adverbien wichtig für die Wortstellung. **Konjunktionen** stehen auf Position 0, sie verlangen keine Satzgliedstelle.

Ich esse ein Fischbrötchen, ***denn*** *ich habe Hunger.*

Ich mag ihn sehr, ***aber*** *er liebt eine andere Frau.*

Es gibt nur wenige echte nebenordnende Konjunktionen:

aber *als* *auch* *bzw.* *d. h.* *denn*
doch *entweder* *jedoch* *noch* *oder* *sondern*
sowie *sowohl* *und* *weder* *z. B.*

Anders ist es bei **Adverbien**. Sie verdrängen ein anderes Satzglied aus der Position 1.

*Ich esse ein Fischbrötchen, ~~**danach** ich bin satt~~.*
*(Ich esse ein Fischbrötchen,) **danach** bin ich satt.*

> **Merkhilfe**
>
> Adverbien führen zu Inversion!

Mehrteilige Verbindungen

Es gibt eine Reihe fester Verbindungen, die aus zwei Teilen bestehen. Achten Sie auch hier auf die Adverbien, denn sie verändern die Wortstellung.

- doppelte Aufzählung durch **sowohl – als auch**
  und durch **nicht nur – sondern auch**
  *Er spielt **sowohl** Fußball **als auch** Basketball.*
  *Ich lerne **nicht nur** Deutsch, **sondern auch** Englisch.*
- doppelte Negation durch **weder – noch**
  *Sie isst **weder** Fleisch **noch** mag sie Fisch.*
- Alternative durch **entweder – oder**
  ***Entweder** gehen wir ins Kino **oder** wir spielen Fußball.*

- Gegensatz **durch zwar – aber**
  und durch **einerseits – andererseits**
  *Es ist **zwar** schon spät, **aber** wir bekommen noch etwas zu essen.*
  ***Einerseits** mag ich dich, aber **andererseits** nervst du manchmal.*
- Verstärkung durch **je – desto** und durch **je – umso**
  ***Je** mehr ich lerne, **desto** schneller vergesse ich wieder.*
  ***Je** später wir ins Bett gehen, **umso** weniger können wir schlafen.*

Unterordnende Verbindungswörter

Diese Wörter verbinden einen Nebensatz mit einem Hauptsatz. Der Nebensatz wird mit dem Verbindungswort eingeleitet, das Prädikat rutscht ans Ende des Satzes. Hauptsatz und Nebensatz werden mit einem Komma voneinander getrennt.

*Ich esse ein Fischbrötchen, **weil** ich Hunger habe.*

Achtung!

Bei Nebensätzen, die mit einer Konjunktion eingeleitet werden, steht die Personalform des Verbs am Ende!

Unterordnende Konjunktionen mit *zu* und Infinitiv

Auch hier gibt es nur wenige echte Konjunktionen:

anstatt – ohne – statt – um

- Angabe des Zweckes:
  *Ich treffe mich mit Freunden, **um** Fußball zu spielen.*
- Angabe eines Gegensatzes, einer Einschränkung:
  ***Anstatt/Statt** zu lernen, spiele ich lieber mit dem Computer.*
- Angabe der Bedingung für die nicht logische Folge:
  *Ich gehe durch den Regen, **ohne** nass zu werden.*
  (Denn ich habe einen Regenschirm.)

Übersicht der wichtigsten Verbindungswörter

Inhaltliche Beziehungen zwischen Sätzen:	Formale Beziehungen zwischen Sätzen:	Dazu gehören die folgenden Verbindungswörter (Adverbien sind fett gedruckt):
Zeit (temporal)	HS + HS	**dann, nun, damals, neulich, bald, davor, vorher, zuvor, danach, nachher, seitdem, anschließend, inzwischen, währenddessen, nie, manchmal, immer ...**
	HS + NS/NS + HS	wenn, als, bis, solange, seit, während, bevor, nachdem, sobald, ehe ...
Ort (lokal)	HS + HS	**hier, da, dort, draußen, oben, vorn, überall, nirgends, nirgendwo, irgendwo, links, innen, aufwärts, herunter, daran, darin ...**
	HS + NS/NS + HS	wo, woher, wohin
Art und Weise (modal)	HS + HS	**damit, so, auf diese Weise ...**
	HS + NS/NS + HS	indem, dadurch dass ...
Ursache, Grund (kausal)	HS + HS	denn
	HS + NS/NS + HS	weil, da
Zweck, Ziel (final)	HS + HS	**dadurch, dafür, dazu, so ...**
	HS + NS/NS + HS	damit
Folge (konsekutiv)	HS + HS	**also, aus diesem Grund, daher, darum, demnach, deshalb, deswegen, folglich, infolgedessen, so, somit ...**
	HS + NS/NS + HS	sodass, weshalb, weswegen ...
Bedingung (konditional)	HS + HS	**andernfalls, sonst ...**
	HS + NS/NS + HS	wenn, falls, sofern
Einschränkung durch einen Gegengrund (konzessiv)	HS + HS	**trotzdem, dennoch, allerdings, jedoch ...**
	HS + NS/NS + HS	obwohl, obgleich, auch wenn ...
Einschränkung durch einen Gegensatz (adversativ)	HS + HS	aber, **dagegen**, doch, **hingegen, jedoch**, sondern ...
	HS + NS/NS + HS	während, wogegen ...

9 Welche Satzteile passen zusammen? Ordnen Sie zu!

1. ☐ Ich bin sowohl fleißig
2. ☐ Ich bin nicht nur fleißig,
3. ☐ Ich bin weder müde
4. ☐ Entweder bin ich zu groß,
5. ☐ Ich bin zwar nicht groß,
6. ☐ Je länger wir warten,

a noch bin ich hungrig.
b umso ungeduldiger werde ich.
c als auch schnell.
d aber die Jacke ist zu klein.
e sondern auch schnell.
f oder die Jacke ist zu klein.

10 Verbinden Sie die beiden Sätze durch ein passendes unterordnendes Verbindungswort. Achten Sie auf die Wortstellung!

1. Wir packen unsere Koffer. (kausal) Wir fahren in Urlaub.

   ....

2. Wir fliegen mit dem Flugzeug. (konzessiv) Das ist nicht gut für die Umwelt.

   ....

3. Ich lege mich in die Sonne. (final) Ich werde braun.

   ....

4. Ich gehe in den Schatten. (temporal) Meine Haut wird rot.

   ....

5. Ich benutze Sonnencreme. (konsekutiv) Meine Haut ist geschützt.

   ....

11 Ergänzen Sie *als* oder *nachdem*!

1. Ich hatte mich gerade hingelegt, ... es klingelte.
2. .... ich die Führerscheinprüfung bestanden habe, darf ich endlich Auto fahren.
3. Lange .... sie sich hingesetzt hatten, kam der Kellner und fragte nach ihrer Bestellung.
4. Ich saß im Kino, ... mir jemand auf die Schulter klopfte.
5. Wie geht es dir, ... du operiert wurdest?

12 Nebenordnend oder unterordnend? Kreuzen Sie an!

	nebenordnend	unterordnend
1. denn	❐	❐
2. indem	❐	❐
3. inzwischen	❐	❐
4. obwohl	❐	❐
5. trotzdem	❐	❐
6. weil	❐	❐

2.4 Verneinung

Mit **nicht** verneint man Nomen mit bestimmtem Artikel:

*Kennst du den Film? Nein, den kenne ich **nicht**.*

*Ist das deine Schwester? Nein, das ist **nicht** meine Schwester.*

Mit **kein-** verneint man Nomen mit unbestimmtem Artikel und mit Nullartikel. Die Deklination entspricht der des unbestimmten Artikels:

Hast du einen Bruder?

*Nein, ich habe **keinen** Bruder.*

Hast du eine Schwester?

*Nein, ich habe **keine**.*

*Hast du ein Auto? Nein, ich habe **kein** Auto.*

*Hast du ein Fahrrad? Nein, ich habe **keins**.*

Weitere Negationswörter sind:

- für Personen:

  *Hat **jemand** den Text gelesen? Nein, **niemand** hat ihn gelesen.*

  *Hat das **jeder** verstanden? Nein, das hat **keiner** verstanden.*

- für Sachen:

  *Hast du **etwas** mitgebracht? Nein, ich habe **nichts** mitgebracht.*

  *Hast du **alles** verstanden? Nein, ich habe **nichts**/**nicht alles** verstanden.*

- für Zeitpunkte und Zeiträume:

  *Hast du **schon** gegessen? Nein, ich habe **noch nicht** gegessen.*

  *Hast du **schon einmal** verschlafen? Nein, ich habe **noch nie** verschlafen.*

  *Fährst du **immer** mit dem Rad zur Arbeit? Nein, ich fahre **nie**/ **nicht immer** mit dem Rad zur Arbeit.*

  *Warst du **jemals** in Spanien? Nein, ich war **niemals** in Spanien.*

- für Orte:

  *Kannst du mittags **überall** schlafen? Nein, ich kann mittags **nirgends**/ **nicht überall** schlafen.*

  *Hast du meinen Schlüssel **irgendwo** gesehen? Nein, ich habe ihn **nirgends**/ **nirgendwo** gesehen.*
- für Mengen:

  *Ist das Essen **mit** Fleisch? Nein, es ist **ohne** Fleisch.*

  *Essen wir noch **ein** Eis? Nein, wir essen **kein** Eis (mehr).*
- Vor- und Nachsilben:

  *Ist der Stoff durchsichtig? Nein, er ist **un**durchsichtig.*

  *Hat die Garage Fenster? Nein, sie ist fenster**los**.*

  *Hat er dich direkt gefragt? Nein, er hat mich **in**direkt gefragt.*
- Präpositionen:

  *Ich fahre **ohne** meinen Mann in Urlaub.* (Akk.!)

  *Alle **außer** dem Reiseleiter sprechen kein Deutsch.* (Dat.!)
- Konjunktionen:

  *Ich möchte **weder** Tee **noch** Kaffee.*

  *Er ist Bahn gefahren, **ohne zu** bezahlen.*

Stellung im Satz

Steht die Verneinung am Satzende, so betrifft sie den gesamten Satz:

*Ist das Rauchen hier erlaubt? Nein, das Rauchen ist hier **nicht** erlaubt.*

*Rufst du mich morgen an? Nein, ich rufe dich morgen **nicht** an.*

Will man nur ein Satzglied verneinen, so steht die Verneinung vor diesem Satzglied:

*Nein, **nicht** ich rufe dich morgen an, sondern mein Kollege.*

*Nein, ich rufe dich **nicht** morgen an, sondern übermorgen.*

In einer verkürzten Antwort ist es auch möglich, nur das Satzglied zu wiederholen:

*Nein, **nicht** ich.*

*Nein, **nicht** morgen.*

Achtung!

Steht ein Verb am Satzende, wird die Verneinung **davor** gestellt.
Ist das Verb trennbar, so steht die Verneinung **vor** dem Verbzusatz.
Gibt es eine Präposition, so steht die Verneinung **davor**.
Gibt es ein Reflexivpronomen, so steht die Verneinung **dahinter**.

13 Verneinen Sie den Satz, indem Sie an der richtigen Stelle *nicht* einsetzen!

1. Sie kann zum Unterricht kommen.
2. Sie hat es ihm gesagt.
3. Sie hat sich gefreut.
4. Sie freut sich darauf.
5. Sie kann Auto fahren.
6. Sie kommt mit dem Zug an (sondern mit dem Bus).

14 Verneinen Sie den gekennzeichneten Satzteil!

1. Trägst du eine Brille? Nein, ich trage ....
2. Gehen wir mit dem Hund spazieren? Nein, wir gehen .... spazieren.
3. Kannst du dich an irgendetwas erinnern? Nein ich kann mich .... erinnern.
4. Hat dich jemand gesehen? Nein, mich hat .... gesehen.
5. Ist das dein Auto? Nein, das ist ....
6. Warst du schon einmal in Kanada? Nein, dort war ich ....

2.5 Für fortgeschrittene Lerner

Wegfall von gemeinsamen Satzgliedteilen

Kommen in mehreren Wortgruppen identische Satzgliedteile vor, können Sie unter bestimmten Bedingungen auf die zweite Nennung verzichten. Dies betrifft:

- ein Nomen als gemeinsamen Kern:

  der gelbe ~~Apfel~~ und der rote Apfel

- gemeinsame Begleiter mehrerer Nomen, wenn Genus und Numerus der Nomen gleich sind (also vor allem im Plural):

  *mein**e** lieb**en** Brüder und ~~meine lieben~~ Schwestern*

  ***die** leckers**ten** Kuchen und ~~die leckersten~~ Brötchen*

  Aber: ***mein** lieb**er** Bruder* (m.) *und **meine** lieb**e** Schwester* (f.)

  ***das** leckerst**e** Brot* (Sg.) *und **die** leckerst**en** Brötchen* (Pl.)

  Identische Artikelwörter können nur wegfallen, wenn beide Nomen dieselbe Person oder Sache bezeichnen:

  ***dein treuer** Freund und ~~dein treuer~~ Helfer* (wenn Sie eine Person meinen)

  Aber: ***meine** Mutter und **meine** Tante* (denn es sind zwei Personen)

  Vorsicht auch bei mit Artikel verschmolzenen Präpositionen:

  ***beim** Kochen und ~~beim~~ Putzen*

  Aber: ***in der** Küche und **im** Wohnzimmer*

- Wortteile:

  Viele Reisende wollen hier aus- oder umsteigen.

- gleich konjugierte Verben in zwei Teilsätzen:

  *Erst **esse** ich ein Fischbrötchen, dann ~~esse ich~~ ein Eis.*

  *Zuerst **wird** das Gemüse geputzt, dann ~~wird das Gemüse~~ zerkleinert.*

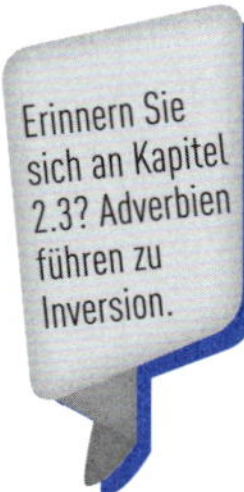

Ist das Objekt in beiden Teilsätzen gleich, kann es im zweiten Teilsatz durch ein Personalpronomen oder durch *es* ersetzt werden:

Ich kaufe mir ***ein Eis****,*
dann fällt ***es*** *in den Sand.*

Subjekt und Prädikat

Das flektierte Verb hat normalerweise den gleichen Numerus wie das Subjekt. Doch wenn das Subjekt mehrteilig ist, kann es schwierig werden.

- Sind die Teile mit *und* oder *sowie* verbunden, steht das Verb im Plural:
  Mein Bruder und ich ***gehen*** *in den Park.*

- Genauso ist es mit den mehrteiligen Verbindungen *sowohl ... als auch* und *weder ... noch*:
  Sowohl mein Bruder als auch ich ***gehen*** *in den Park.*
  Weder mein Bruder noch ich ***gehen*** *in den Park.*

- Stehen die Teile im Singular und werden sie von *jed-*, *kein-* oder *manch-* begleitet, steht das Verb im Singular:
  Jedes Buch und jede CD ***hat*** *eine eigene Nummer.*
  Sowohl jedes Buch als auch jede CD ***hat*** *eine eigene Nummer.*

Bei Nomen im Nominativ mit Gleichsetzungsnominativ gilt:

Sg.	*Der Baum*	ist	**Sg.**	*ein Nadelbaum.*
	Ein Drittel der Bäume	sind	**Pl.**	*Tannen.*
Pl.	*Die Bäume*	sind		*Nadelbäume.*
	Die Bäume	sind	**Sg.**	*der Lebensraum vieler Tiere.*

15 Welche Satzteile können wegfallen? Streichen Sie durch!

1. Im Stadtpark wachsen viele bunte Blumen und viele hohe Bäume.
2. Bei diesem Bauern kannst du frische Milch und frisches Gemüse kaufen.
3. Der Ball flog hoch und der Ball flog weit.
4. Möchten Sie zusammen bezahlen oder getrennt bezahlen?
5. Ich habe erst die Zeitung gelesen und dann dieses Buch gelesen.

16 Setzen Sie das Verb im passenden Numerus ein!

1. In diesem Haus **wohnen** .... vier Familien.
2. Keine Mauer und kein Zaun **sein** .... zu hoch für mich.
3. Weder mein Bruder noch ich **haben** .... ein Haustier.
4. Kartoffeln **sein** .... ein Grundnahrungsmittel.
5. Zu den Kleinstlebewesen **gehören** .... die Backhefe.
6. Manche Busse und manche Züge **fahren** .... mit Strom.

Typische Fehlerquellen in der Grammatik – kurz und knapp

Verben

Viele Verben können nicht ohne eine Ergänzung stehen. Sie brauchen eine Nominativergänzung, eine adverbiale Angabe oder ein Objekt. Lernen Sie deshalb ein neues Verb am besten gleich mit seiner Präteritumform, dem Partizip II, den entsprechenden Präpositionen und den möglichen Ergänzungen.

Adjektive

Die meisten Adjektive können dekliniert werden. Ihre Endung hängt ab von Numerus, Genus und Kasus des Nomens sowie der Form des Artikels. Gerade im mündlichen Sprachgebrauch ist es schwierig, alle Regeln im Kopf zu behalten. Da hilft nur: Üben Sie so lange, bis Sie nicht mehr darüber nachdenken müssen.

Pronomen

Pronomen stehen vor einem Nomen oder als Stellvertreter für ein Nomen. Achten Sie darauf, dass immer eindeutig ist, worauf sich das Pronomen bezieht. Manchmal ist es besser, das Nomen noch einmal zu wiederholen.

Verbindungswörter

Sie stellen inhaltliche Beziehungen zwischen Sätzen und Satzteilen her. Deshalb sind sie besonders wichtig für das Verständnis und die Nachvollziehbarkeit Ihrer Aussagen. Je mehr Verbindungswörter Sie kennen, um so genauer können Sie sich ausdrücken.

Verneinung

Die wichtigste Regel ist: Nomen mit bestimmtem Artikel verneint man mit *nicht*, solche mit unbestimmtem oder Nullartikel verneint man mit *kein*.

Zwischentest Grammatik

1 Bilden Sie mit den vorgegebenen Wörtern vollständige Sätze! Ergänzen Sie Reflexivpronomen und Präpositionen!

1. konzentrieren | das Wichtigste

   Er sollte ....

2. kümmern | unsere Katzen

   Wir fahren in Urlaub, kannst du .... ?

3. gewöhnen | das Wetter in Deutschland

   Ich habe ....

4. nicht erinnern | der Name des Mädchens

   Er konnte ....

2 Ergänzen Sie die richtigen Endungen!

1. Mein....... jung....... Katze fängt viel....... lecker....... Mäuse in unser....... groß....... Garten.
2. Mein....... neu....... Kollegin hat mir ein...... spannend....... Buch geliehen.
3. Viel....... alt....... Menschen möchten in ihr....... eigen....... Bett sterben.
4. In ein........ fremd........ Stadt kann man sich ohne ein........ aktuell........ Straßenkarte schnell verfahren.
5. Zu ihr....... letzt....... Geburtstagsparty kamen all....... ihr....... Freunde.

3 Setzen Sie passende Verbindungswörter ein. Achten Sie auf die Logik!

1. Anne liegt im Krankenhaus, (kausal) .... sie hat hohes Fieber.
2. (kausal) .... Anne hohes Fieber hat, liegt sie im Krankenhaus.
3. Rüdiger hat das Spiel verloren, (konzessiv) .... ist er glücklich.
4. (konzessiv) .... Rüdiger das Spiel verloren hat, ist er glücklich.
5. Ich habe viel gelernt, (konsekutiv) .... werde ich die Prüfung bestehen.
6. Ich habe viel gelernt, (konsekutiv) .... ich die Prüfung sicher bestehen werde.

4 Welches Negationswort passt? Ordnen Sie zu!

1. ☐	alle	a	nirgends
2. ☐	ein	b	nie
3. ☐	etwas	c	nichts
4. ☐	immer	d	keiner
5. ☐	überall	e	kein

3. Aussprache und Rechtschreibung

3.1 Aussprache

Vokale – lang oder kurz?

Es gibt verschiedene Dehnungszeichen, die auf einen langen Vokal hinweisen:

- Dehnungs-h nach einem Vokal — *Ohr, Uhr, fahren*
- Verdoppelung des Vokals — *Tee, Haar, Boot*
- *ie* — *Tier, viel, hier*
- *ih* (kommt nur in Pronomen vor) — *ihr, ihm, ihnen*

Steht der Vokal vor zwei oder mehr Konsonanten, wird er meistens kurz ausgesprochen.

Ast, Sack, toll, drücken, Herbst

Ziehen Sie die langen Vokale übertrieben lang und achten Sie auf den Luftzug:

langer Vokal	kurzer Vokal
Ofen	offen
wen	wenn
blasen	blass
bieten	bitten
Huhn	Hund
Stahl	Stall
Beet	Bett
Mut	Mutter

Umlaute

Umlaute machen vielen Deutschlernern Schwierigkeiten. Hören Sie genau hin, bis Sie die Unterschiede zwischen den Lauten erkennen.

Aussprachetipps

- *ä* Sprechen Sie ein langes *e* und öffnen Sie den Mund ganz weit.
- *ö* Sprechen Sie ein langes *o*, behalten Sie die Lippenstellung bei und sprechen Sie so ein *e*.
- *ü* Sprechen Sie ein langes *u*, behalten Sie die Lippenstellung bei und sprechen Sie so ein *i*.

Üben Sie Wortpaare wie *tauschen – täuschen*
futtern – füttern
drucken – drücken

Auch die Umlaute *ä*, *ö* und *ü* können kurz oder lang gesprochen werden.

- Umlaute vor Dehnungs-h spricht man lang aus.
- Umlaute vor zwei oder mehr Konsonanten spricht man kurz aus.

langer Vokal	kurzer Vokal
Hähnchen [ɛː]	Hände [ɛ]
Lösung [øː]	Löffel [œ]
Rübe [yː]	Rüssel [ʏ]

Lerntipp

Nutzen Sie jede Gelegenheit, um Muttersprachlern zuzuhören und sehen Sie genau hin. Achten Sie darauf, wie und auch wo ein Laut gebildet wird.

Das unbetonte *e* [ə] – der Schwa-Laut

Der Buchstabe *e* kann sehr unterschiedlich ausgesprochen werden. Neben dem langen und dem kurzen *e* gibt es noch das **unbetonte *e***. Dieser Laut wird nur sehr schwach gesprochen.

Merkhilfe

Der Schwa-Laut kommt nur in unbetonten Silben mehrsilbiger Wörter vor.

Man trifft auf ihn in

- Endungen

  *Thek**e**, Tag**e**, Woch**e***
- Vorsilben

  ***be**halten, v**e**rgessen, g**e**sagt*

In Wörtern mit den Endungen *-en* oder *-el* ist das *e* häufig gar nicht mehr zu hören:

Guten Morgen	[ˈguːtn̩ ˈmɔʁgŋ̍]
Tafel	[ˈtaːfl̩]

Diphthonge

Gehören diese Doppellaute zu einer Silbe, werden sie als ein Laut ausgesprochen:

ei, ai – [aɪ̯]	*B**ei**n, M**ai***
eu, äu – [ɔɪ̯]	*T**eu**fel, M**äu**se*
au – [aʊ̯]	*H**au**s, **Au**ge*

Gehören die beiden Vokale jedoch zu zwei Silben, werden sie mit einer deutlichen Trennung ausgesprochen:

Region [ʀeˈgi̯oːn]
Radio [ˈraːdi̯o]
Chaos [ˈkaːɔs]
beinhalten [bəˈʔɪnˌhaltən]

In Wörtern, die aus Fremdsprachen übernommen wurden, spricht man das *ai* als [ɛː]:

Trainer [ˈtʀɛːnɐ]

Das vokalische *r* [ɐ]

Das konsonantische *r* wird in Deutschland regional ganz verschieden gebildet – mal wird es mit der Zungenspitze gerollt, mal wird es mit dem Zäpfchen gerieben. Das **vokalische *r*** klingt aber überall wie ein **kurzes *a***.

vokalisches *r*	konsonantisches *r*
am Wort- oder Silbenende: *hier, wir, der, Feuer, Wasser*	am Anfang eines Wortes oder einer Silbe: *Rat, Reis, bereit, hören, herum*
nach einem langen Vokal, wenn das *r* zur gleichen Silbe gehört: *erst, Tür* (aber nicht Türen!), *Uhr* (aber nicht Uhren!), *hört* (aber nicht hören!)	nach Konsonanten und kurzen Vokalen: *Brot, Freund, schreiben, Wort, unseres, Wirtschaft*
in einem Präfix oder Suffix hinter *e*: *verdienen, hervor*	

Info

Die deutsche Sprache unterscheidet sich von vielen anderen Sprachen durch stärkere Betonungsunterschiede. Oft sind Nicht-Muttersprachler daran zu erkennen, dass sie die Endsilben zu stark betonen.
Auch manche DaF-Lehrer sprechen die Endungen besonders deutlich aus. In der Alltagssprache werden Endsilben meist viel weniger betont!

Ich und Ach

Das *ch* kann auf fünf unterschiedliche Arten ausgesprochen werden. Kaum Probleme macht es in Fremdwörtern

- aus dem Französischen:
  Chance [ˈʃãːsə], *Chef* [ʃɛf], *Charme* [ʃaʁm]
- aus dem Griechischen:
  Chaos [ˈkaɔːs], *Chor* [koːɐ̯]
- aus dem Englischen: *Chat* [tʃɛt], *Chip* [tʃɪp]

Der Ich-Laut [ç] folgt

- den Vokalen *e*, *i*: *echt*, *nicht*
- den Umlauten *ä*, *ö*, *ü*: *Nächte*, *Köche*, *Bücher*
- den Diphthongen *ai*, *äu*, *eu*, *ei*: *Bäuche*, *euch*, *leicht*

Alle diese Laute werden im Mund weit vorne gebildet, der Weg der Lautfolge ist also leicht und kurz.

Der Ach-Laut [χ] folgt

- den Vokalen *a*, *o*, *u*: *Nacht*, *Koch*, *Buch*
- dem Diphthong *au*: *Bauch*

Diese Laute werden weit hinten im Rachenraum gebildet. Versuchen Sie einmal, den Ach-Laut hinter einem *i* zu sprechen. Sie werden feststellen, dass das viel unbequemer ist!

Die erschwerte Aussprache gewisser Lautkombinationen führt dazu, dass Singular- und Pluralform bestimmter Wörter mit unterschiedlichen ch-Lauten gebildet werden:

Singular	Plural
Buch [buːχ]	*Bücher* [ˈbyːçɐ]
Nacht [naχt]	*Nächte* [ˈnɛçtə]

Achtung!

Das Verkleinerungssuffix ***-chen*** wird immer mit dem Ich-Laut ausgesprochen.

-ig am Wortende

Endet ein Wort auf *-ig*, so wird der Ich-Laut [ç] gesprochen:

König [ˈkøːnɪç]

Folgt aber noch eine weitere Silbe, spricht man [k]:

Königreich [ˈkøːnɪkˌʀaɪ̯ç]

Lerntipp

Üben Sie Zungenbrecher wie: Der Wachsmaskenmacher macht Wachsmasken aus Wachsmaskenwachs.

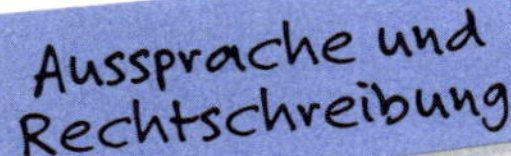

Wortakzent

Bei mehrsilbigen Wörtern wird die Stammsilbe betont. Dies ist meistens die erste Silbe:

Wasser

Bei Zusammensetzungen liegt der Wortakzent auf dem Bestimmungswort:

Trinkwasser, Meerwasser, Wasserfall

Achtung!

Bei vielen Fremdwörtern gilt dies nicht!

Bei trennbaren Verben wird immer der Zusatz betont:

ankommen, *mitmachen*, *hingehen*

Ist das Verb jedoch nicht trennbar, wird der Wortstamm betont:

begreifen, *gehören*, *empfinden*, *entscheiden*, *erfahren*, *verändern*, *zerreißen*

trennbar	nicht trennbar
übersetzen (mit einem Boot ein Gewässer überqueren)	*übersetzen* (von einer Sprache in eine andere übertragen)
umfahren (fahrend etw. zu Fall bringen)	*umfahren* (um etw. herumfahren)
unterstellen (zum Schutz unter z. B. ein Dach stellen)	*unterstellen* (jm. ungerechterweise etwas Negatives zuschreiben)

In Kapitel 3.2 finden Sie weitere Beispiele.

Zahlen

Bei zusammengesetzten Zahlen wird die kleinste Zahlenstelle betont!

vierundsechzig

sechsundvierzig

siebentausendvierhundertdreizehn

Bei Jahreszahlen sagt man nicht ~~Eintausendneunhundert~~, sondern:

Neunzehnhundert, im achtzehnten Jahrhundert

Für dieses Jahrtausend sagt man aber:

Zweitausendvierzehn (oder *Zwanzigvierzehn*)

Satzakzent

Je nachdem, wie ein Satz betont wird, kann er unterschiedliche Bedeutungen haben:

- als berichtender Aussagesatz:
  Sie fahren nach Holland.
  Durch die deutlichere Betonung verschiedener Silben kann man hervorheben, welcher Teil der Aussage dem Sprecher besonders wichtig ist.
  Sie (und nicht wir) fahren nach Holland.
  Sie fahren nach Holland (und laufen nicht).
  Sie fahren nach Holland (und nicht nach Spanien).
- als Aufforderungssatz, der eine Erwartung oder einen Befehl ausdrückt:
  Sie fahren nach Holland!
- als Ausrufesatz, der innere Anteilnahme ausdrückt:
  Sie fahren nach Holland!
- als Fragesatz:
  Sie fahren nach Holland?

1 Betont oder unbetont? Unterstreichen Sie die betonten Silben der fettgedruckten Wörter und Wortgruppen!

1. Ich schwimme gern **in Meerwasser**, denn **im Meer** gibt es **mehr Wasser** als im Schwimmbad.
2. Ich muss **vor Mittag** einkaufen gehen, denn **am Nachmittag** haben die Geschäfte heute geschlossen.
3. Du musst die Mülltonne **umfahren**, sonst wirst du sie **umfahren**.
4. Er hat mir **unterstellt**, dass ich getrödelt hätte, dabei habe ich mich doch wirklich nur vor dem Regen **untergestellt**.

5. Ich muss mir das Buch, das ich verliehen habe, **wieder holen**, damit ich die Vokabeln **wiederholen** kann.
6. Ich soll diesen Text **übersetzen**, während wir zum anderen Ufer **übersetzen**.

2 Vokalisches oder konsonantisches *r*? Ordnen Sie zu!

Bürste · Erzählung · Firma · Herz · Oberfläche · Park · Übersetzung · Verbot

vokalisches *r* [ɐ]	konsonantisches *r* [r]

3 Welcher ch-Laut wird [ç], welcher wird [χ] gesprochen? Kreuzen Sie an!

	Ich-Laut [ç]	Ach-Laut [χ]		Ich-Laut [ç]	Ach-Laut [χ]
1. Schach	❐	❐	**5.** lachen	❐	❐
2. sechzig	❐	❐	**6.** rechnen	❐	❐
3. Kirche	❐	❐	**7.** sprechen	❐	❐
4. Milch	❐	❐	**8.** tauchen	❐	❐

4 Unterstreichen Sie alle langen Vokale!

1. Bäcker Braun backt braune Brezeln.

2. Scharfe Scheren schneiden Stoff.

3. Zehn zahme Ziegen zogen zehn Zentner Zucker zum Zoo.

4. Wer anderen eine Bratwurst brät, hat wohl ein Bratwurstbratgerät.

5. Wer nichts wird, wird Wirt.

6. Und weil er Geld in Menge hatte, lag er stets in der Hängematte.

Lerntipp

Diese Sätze sind gut geeignet, um die Aussprache schwieriger Laute zu üben!

3.2 Rechtschreibung

Schwierige Buchstabenkombinationen

Im Deutschen gibt es einige Laute, die durch unterschiedliche Buchstaben ausgedrückt werden können. Aber in vielen Fällen können Sie die richtige Schreibung feststellen, wenn Sie konjugieren oder deklinieren bzw. wenn Sie den Wortstamm genauer untersuchen:

*Beisst mich ein Hun**d** oder Hunt?*	*Dich beißen zwei Hun**de**.*
*Sehe ich weiße M**äu**se oder Meuse?*	*Ich sehe nur eine M**au**s.*
*Ist das Kleid bun**t** oder bund?*	*Es ist das bun**te** Kleid.*
*Rei**s**t oder rei**ß**t er ab?*	*Er muss abrei**s**en.*
*Tr**äu**me oder tr**eu**me ich?*	*Ich habe einen Tr**au**m.*
*Ist das eili**g** oder eili**ch**?*	*Das ist ein eili**g**es Paket.*

Zeichen für lange und kurze Laute

Das Dehnungs-h steht meist vor den Konsonanten *l*, *m*, *n* und *r*:

*Fe**hl**er, ne**hm**en, Ha**hn**, fa**hr**en*

Das langgesprochene *i* wird meist *ie* geschrieben:

*h**ie**r, s**ie**ben, M**ie**te, repar**ie**ren*

> **Merkhilfe**
>
> *ih* kommt nur in Pronomen wie *ihr* und *ihn* vor!

Folgt auf einen kurzen Vokal nur ein Konsonant, wird der meist verdoppelt:

*A**ff**e, ausfü**ll**en, bi**ll**ig, Zi**mm**er, kö**nn**en, Su**pp**e, i**rr**e, geschlo**ss**en, Be**tt***

kk wird dabei zu *ck*:

*Lü**ck**e, De**ck**e, schi**ck**en*

Nach einem kurzen Vokal schreibt man den stimmlosen s-Laut mit *ss*, nach einem langen Vokal mit *ß*:

*Pa**ss**, Ta**ss**e, Schlü**ss**el*

*Stra**ß**e, Grö**ß**e, Fu**ß***

Pluralbildung

Manche Wortstämme enden auf *-ee* oder *-ie*. Folgen darauf durch Flexion oder Ableitung noch *-e*, *-en*, *-er*, *-es*, *-ell*, so lässt man ein *e* weg:

*das Kn**ie***	*die Kn**ie***	
*der Kaff**ee***	*die Kaff**ee**s*	
*die Id**ee***	*die Id**ee**n*	*id**ee**ll*

Wird bei Wörtern mit Doppel-a der Plural mit Umlaut gebildet, dann wird nur ein einfaches *ä* geschrieben:

*der S**aa**l* *die S**ä**le*

Bei Nomen auf *-in* oder *-nis* wird das *n* bzw. *s* im Plural verdoppelt:

*Studenti**nn**en, Ärzti**nn**en, Freundi**nn**en*

*Geheimni**ss**e, Zeugni**ss**e, Kenntni**ss**e*

Groß oder klein?

Großschreibung hilft dem Leser, sich in einem Text schnell zurechtzufinden, denn ein großgeschriebenes Wort wirkt wie ein Signal.

Satzanfänge schreibt man groß. Folgt nach einem Doppelpunkt ein vollständiger Satz, schreibt man auch dann das erste Wort groß:

*Mein Tag verläuft so: **U**m sieben Uhr stehe ich auf.*

Folgt aber nur ein Satzteil, schreibt man klein:

*Mein Tag war schrecklich: **d**en Zug verpasst, zu spät gekommen.*

Die Anfangsbuchstaben von **Überschriften und Titeln** werden großgeschrieben:

*Ich lese das Buch „**D**ie kleine Hexe“.*

*Die Handlung der „**K**leinen Hexe“ finde ich spannend.*

Anredepronomen: In der Anrede wird das höfliche *Sie* und die entsprechenden Formen *Ihre*, *Ihren*, *Ihrer* und *Ihnen* immer großgeschrieben:

*Ich würde **S**ie und **I**hre Firma gern kennenlernen.*

Benutzt man das persönlichere *du* und die entsprechenden Formen, schreibt man klein:

*Kommst **d**u zu meiner Party?*

*Wenn **i**hr wollt, lade ich **e**uch ein.*

Nomen schreibt man groß. Manchmal ist es gar nicht so leicht zu entscheiden, ob es sich um ein Nomen handelt, denn es gibt nominalisierte Adjektive, Infinitive, Partizipien, Pronomen, Zahlwörter ...

Das wichtigste Kennzeichen der Nomen ist der Artikel:

*Das **L**esen schadet meinen Augen.*

Auch mit Präpositionen verschmolzene Artikel weisen auf ein Nomen hin:

*im **A**llgemeinen, ins **G**rüne, vom **B**esten*

Man kann auch prüfen, ob man ein Adjektiv vor das Wort setzen kann:

*voller **E**rnst, lautes **L**achen*

Oft weisen auch vorangehende Mengenangaben wie *alles*, *etwas*, *nichts*, *viel*, *wenig*, *genug* auf ein Nomen hin:

*Ich wünsche dir alles **G**ute.*

Achtung!

Andere Wortarten schreibt man klein, auch wenn sie Nomen sehr ähnlich sehen.

Adjektive beschreiben Nomen näher und werden klein geschrieben:

*der **b**laue Rock*

*das **t**eure Auto*

*die **s**chöne Frau*

Auch wenn sie mit einem Nomen zusammengesetzt sind, schreibt man sie klein:

***b**litzschnell, **f**ederleicht,*

***s**teinhart, **z**itronengelb,*

***s**tundenlang, **k**indgerecht*

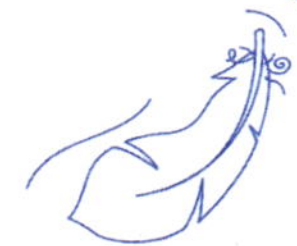

Manchmal ist ihnen ein Artikel vorangestellt und sie werden trotzdem kleingeschrieben, nämlich dann, wenn sie sich auf ein vorangehendes oder nachfolgendes Nomen beziehen:

*Welchen Rock kaufst du? Den **b**lauen (Rock).*

*Er ist der **f**leißigste aller Studenten.*

Aber: *Sie ist die **K**lügste von allen.*

Hier gibt es kein weiteres Bezugsnomen. Das Adjektiv ist nominalisiert.

Auch Superlative mit *am* werden klein geschrieben, wenn man nach ihnen mit *wie?* fragen kann:

*Dich habe ich am **l**iebsten.* (Wie?)

*Dieser Rock gefällt mir am **b**esten.* (Wie?)

Wenn man das *am* aber zu *an dem* auflösen kann, schreibt man groß:

*Es fehlt uns am (an dem) **N**ötigsten.*

Unbestimmte Zahlwörter werden normalerweise kleingeschrieben, auch wenn sie einen Artikel haben. Dies sind die Wörter *viel*, *wenig*, *ein* und *ander* mit allen Formen und Steigerungen:

*Die **w**enigsten konnten alle Aufgaben lösen.*

*Die **m**eisten hatten mehrere Fehler.*

*Die **a**nderen gehen ins Kino.*

Tageszeiten

Groß schreibt man Tageszeiten in Verbindung mit *am*:

*am **N**achmittag, am **A**bend*

Tageszeiten, die als Adverb verwendet werden, auf *-s* enden und keinen Artikel haben, werden kleingeschrieben:

***m**orgens, **n**achmittags, **a**bends*

Aber: *eines **M**orgens*

Tageszeiten nach Adverbien werden als Nomen angesehen und großgeschrieben:

***h**eute **N**achmittag, **m**orgen **A**bend*

Ordinalzahlen

Ordinalzahlen, also Zahlen, die eine Reihenfolge angeben, werden großgeschrieben, wenn sie Nomen sind.

Klein schreibt man sie, wenn sie als Adjektiv vor einem Nomen stehen:

*Jeder **D**ritte hat Übergewicht.*

*Jeder **d**ritte Mensch hat Übergewicht.*

Übersicht

Nomen (artikelfähig oder mit Artikel) ***E**rnst machen* *etw. im **E**rnst meinen* *jm. die **S**chuld geben*	**Adjektiv (steigerungsfähig)** ***e**rnst sein/werden/bleiben* *etw. **e**rnst meinen/nehmen* ***s**chuld sein*
Nomen (artikelfähig oder mit Artikel) *ein letztes **M**al,* *ein weiteres **M**al*	**Adverb** ***e**inmal, auf **e**inmal, **d**iesmal,* ***m**anchmal*
Nomen (artikelfähig oder mit Artikel) *am **M**orgen, gestern **A**bend, eines **M**orgens, am morgigen **D**ienstag, nächsten **S**amstagmorgen, gegen **M**ittag*	**Tag und Tageszeit als Adverb** ***ü**bermorgen, **m**orgen **f**rüh,* ***d**ienstags, **m**orgens*

Nomen (artikelfähig oder mit Artikel)	unbestimmtes Zahlwort
*ein **P**aar* (zwei Zusammengehörende), *als **E**rster*	*ein **p**aar* (einige)
Nomen (artikelfähig oder mit Artikel)	**Präposition und artikelloses Adjektiv (ist das Adjektiv dekliniert, kann man auch großschreiben)**
*beim **E**ssen, ins **B**laue, im **E**inzelnen, im **F**olgenden, im **V**oraus, im **A**llgemeinen, vor **O**rt, vor **K**urzem*	*zum **e**inen, zum **a**nderen, von **n**ahem, ohne **w**eiteres*

Zusammen oder getrennt?

Präposition + Verb/Adverb + Verb

Viele Verben sind Zusammensetzungen aus:

- Präposition + Verb *mitkommen, durchfallen, nachdenken*
- Adverb + Verb *fortgehen, davonlaufen*

Die meisten von ihnen sind trennbar. Trennbare Verben werden nur im Infinitiv, in den Partizipien I und II und bei Endstellung im Nebensatz zusammengeschrieben.

Erinnern Sie sich noch an die Hinweise zu den trennbaren Verben in Kapitel 2.1?

X + sein

Verbindungen mit *sein* schreibt man immer getrennt:

*Alle, die hier **waren**, sind wieder gegangen.*

Dies gilt allerdings nicht für Nomen:

das Hiersein, das Dasein

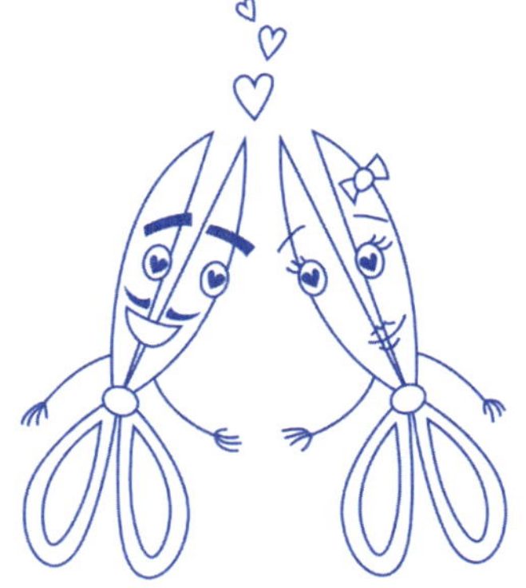

Partizip + Verb

Auch wenn der erste Bestandteil ein Partizip ist, wird in der Regel getrennt geschrieben:

*Muss man das **getrennt schreiben**?*

*Der Koffer ist **verloren gegangen**.*

Adjektiv + Verb

Diese Verbindungen werden meistens getrennt geschrieben:

schnell laufen, hoch springen

Wenn das Adjektiv das Ergebnis der Handlung (schneiden → klein) angibt, kann getrennt oder zusammengeschrieben werden:

klein schneiden/kleinschneiden

Nur getrennt schreibt man bei:

- abgeleitetem oder erweitertem Adjektiv + Verb — *kleiner schneiden*
- zusammengesetztem Adjektiv + Verb — *winzigklein schneiden*
- Adjektiv + zusammengesetztem Verb — *klein zerschneiden*
- Adjektiv + intransitivem Verb — *wach bleiben, schwer fallen*
- Adjektiv + reflexivem Verb — *sich gerade halten*
- Adjektiv mit Endung *-ig*, *-isch*, *-lich* — *übrig bleiben, lustig machen, schrecklich finden*

Wenn das Adjektiv nicht steigerbar ist, schreibt man zusammen:

totlachen, *richtigstellen*

Nomen + Verb

Hier schreibt man in den meisten Fällen getrennt:

*Ich kann **Rad fahren**.*

Aber: *Ich habe das **Radfahren** als Kind gelernt.*

Verb + Verb

Auch hier schreibt man meistens getrennt. Steht das Verb vor *bleiben* oder *lassen*, kann man getrennt oder zusammenschreiben:

fallen lassen/fallenlassen

Verwechselungsgefahr!

Zusammensetzungen können manchmal aus denselben Wörtern bestehen wie getrennt geschriebene Wortgruppen:

Ich freue mich, wenn wir uns ***wiedersehen.***

Nach der Operation kann ich ***wieder sehen.***

Mein Bruder wird in diesem Jahr ***sitzenbleiben.***

Sitzenbleiben hat die Bedeutung: eine Schulklasse wiederholen müssen.

Du kannst auf dem Stuhl ***sitzen bleiben.***

Sitzen bleiben hat die Bedeutung: nicht aufstehen.

Ich soll so ***weitermachen.***

Weitermachen hat die Bedeutung: sein Tun fortsetzen.

Ich muss meinen Rock ***weiter machen*** *lassen. Ich habe zugenommen.*

Fragen Sie sich in diesen Fällen: Welcher Teil der Verbindung kann betont werden? Ist das Adverb betont, schreibt man zusammen. Lässt sich das Verb betonen, schreibt man auseinander.

Eine ähnliche Probe hilft bei der Entscheidung, ob ein Verb trennbar ist oder nicht. Näheres in Kapitel 2.1.

Eine weitere Probe ist möglich: Können Sie zwischen Adverb/Partikel und Verb ein zusätzliches Satzglied unterbringen? Dann schreiben Sie getrennt:

Nach der Operation kann ich ***wieder*** *(scharf)* ***sehen.***

Es ist schön, dass wir heute ***zusammenkommen*** *können.*

Zusammenkommen hat die Bedeutung: sich treffen.

Möchtest du mit deiner Freundin ***zusammen*** *(zu meiner Party)* ***kommen****?*

Zusammen kommen hat die Bedeutung: gemeinsam kommen.

Lass uns ***zusammen*** *(einen Brief)* ***schreiben.***

Muss man das ***zusammenschreiben****?*

Partizip + Adjektiv

Getrennt schreibt man, wenn der erste Bestandteil ein Partizip ist:

Die Suppe ist ***kochend heiß.***

Adjektiv + Adjektiv

Man schreibt zusammen, wenn beide Teile nicht flektiert sind und das erste Adjektiv bedeutungsverstärkend oder bedeutungsmindernd wirkt:

superschlau, dunkelrot

Getrennt schreibt man jedoch, wenn der erste Bestandteil gesteigert oder erweitert werden kann:

dicht behaart (dichter behaart), hell leuchtend (heller leuchtend)

Nomen + Adjektiv

Zusammengeschrieben wird, wenn das Nomen ohne Artikel oder Präposition vor dem Adjektiv steht. Der erste Bestandteil steht nämlich für eine ganze Wortgruppe:

***staubbedeckt** (von Staub bedeckt)*
***meterhoch** (einige Meter hoch)*
***fehlerfrei** (frei von Fehlern)*

Lerntipp

Viele Zusammensetzungen können Sie bereits am Fugenzeichen erkennen, zum Beispiel: *hilfsbereit, lebenslustig, werbewirksam*

Verwechselungsgefahr!

Auch Zusammensetzungen mit Adjektiven können manchmal aus denselben Wörtern bestehen wie getrennt geschriebene Wortgruppen:

***Soweit/soviel** ich weiß, öffnet die Bäckerei um sechs Uhr.* (Konjunktion!)
*Fünf Kilometer! **So weit** will ich nicht laufen.* (Konjunktion + Adjektiv!)
*Fünf Kilogramm! **So viel** will ich nicht tragen.* (Konjunktion + Adjektiv!)
*Du kannst mich besuchen, **sooft** du möchtest.* (Konjunktion!)
*Ich habe es dir **so oft** gesagt.* (Konjunktion + Adjektiv!)

Achtung!

Zurzeit hat die Bedeutung *im Augenblick, gegenwärtig*: *Sie ist **zurzeit** krank.* **Aber:** *Ich werde Japan **zur Zeit** der Kirschblüte besuchen.* *Geradeaus* hat die Bedeutung *in gleicher Richtung*: *„Gehen Sie immer weiter **geradeaus**.“* **Aber:** *Das Kino ist **gerade aus**. Die Vorstellung ist vorbei.*

Längere und unübersichtliche Zusammensetzungen schreibt man mit Bindestrich:

die Wort-für-Wort-Übersetzung,
der Erste-Hilfe-Kurs, die Ich-Erzählung

Dies gilt besonders, wenn eine Zusammensetzung Zahlen, Buchstaben oder Abkürzungen enthält:

ein 14-jähriges Mädchen, ein i-Punkt,
ein VW-Fahrer, ein 2-Euro-Stück

Häufig falsch geschriebene Zusammensetzungen und Wortgruppen

2-stündig	erst mal	kennenlernen	sooft
anhand	genauso gut	leidtun	umso
aufgrund (auf Grund)	gern haben	mithilfe	verloren gehen
darüber hinaus	gleich groß	noch einmal	vonseiten
demnach	infolge	nochmals	vorbeikommen
derjenige	infolgedessen	pleite sein	währenddessen
derselbe	infrage kommen	Rad fahren	wegfahren
ebenso gut	insbesondere	satt haben	weitgehend
ein einziges Mal	irgendein	sodass	wiederum
einmal	jedes Mal	sogenannt	willkommen heißen

Straßennamen

Namen von Straßen und Plätzen bestehen häufig aus einem Grundwort wie *Straße*, *Weg*, *Platz*, *Allee* und einem oder mehreren vorangehenden Bestimmungswörtern. Dies sind häufig Nomen, Adjektive und Eigennamen.

Straßennamen aus zwei ungebeugten Wörtern werden meistens zusammengeschrieben:

Bahnhofstraße, *Goetheallee*, *Rosenweg*, *Turnplatz*, *Königstraße*

Straßennamen mit gebeugten Bestandteilen werden auseinandergeschrieben:

Breite Straße, *Schwarzer Weg*, *Berliner Platz*, *Hamburger Allee*

Bei mehrteiligen Straßennamen werden das erste Wort, Adjektive, Zahlwörter und das Grundwort groß geschrieben:

An der Kleinen Nordbrücke, *Zur Schönen Aussicht*

Mehrteilige Eigennamen von Personen werden mit Bindestrich geschrieben:

Theodor-Heuss-Platz, *Johann-Sebastian-Bach-Straße*

Zahlen

Sind Zahlen kleiner als eine Million, schreibt man zusammen:

zweitausendvierzehn

Bei größeren Zahlen trennt man:

zwei Millionen zweitausendvierzehn

Auch Bruchzahlen schreibt man zusammen:

zweieinhalb

5 Lösen Sie das Rätsel!

waagerecht:

1. heißes Getränk
2. der späte Teil vom Tag
3. große, freie Flächen in einer Stadt (Mehrzahl)
4. 2 ½ minus 2

senkrecht:

5. nicht teuer
6. Gelenke in der Mitte der Beine (Mehrzahl)
7. die kommen, wenn ich schlafe (Mehrzahl)
8. Tierhaut mit vielen Haaren (Mehrzahl)

6 Bilden Sie den Plural. Welches Wort passt dann nicht in die Reihe?

1. Haar	Paar	Saal	Staat	Waage
2. Baum	Haus	Maus	Raum	Traum
3. Gabel	Hotel	Nudel	Tafel	Wurzel
4. Ball	Kuh	Mann	Tag	Tal

7 Welche Schreibweise ist richtig? Unterstreichen Sie!

1. Seit Kurzem / Seit kurzem lebe ich in Deutschland. Ich habe **2.** soviel / so viel zu erzählen. Der Ort, in dem ich **3.** zur Zeit / zurzeit wohne, ist **4.** hochgelegen / hoch gelegen. Die Häuser dort sind alle **5.** gleichgroß / gleich groß, **6.** sodass / so dass ich mich **7.** Anfangs / anfangs oft verlaufen habe. **8.** Zum glück / Zum Glück sind die Bewohner **9.** im Allgemeinen / im allgemeinen zu Gästen sehr nett.

8 Groß oder klein? Zusammen oder getrennt? Setzen Sie ein!

1. Ich habe morgen früh .... einen Arzttermin.

2. Am abend .... geht die Sonne unter.

3. Wir treffen uns jeden dienstag abend .... zum Karten spielen.

4. Ich war nachmittags .... schwimmen.

5. Eines morgens .... klingelte der Postbote.

6. Wir gehen morgen abend .... ins Theater.

3.3 Zeichensetzung

Satzzeichen haben verschiedene Funktionen. Doch alle helfen dabei, einen Text zu strukturieren.

- **Punkt, Ausrufezeichen und Fragezeichen** kennzeichnen den Schluss eines Satzes.
- **Komma, Semikolon, Doppelpunkt und Gedankenstrich** gliedern einen Satz in einzelne Teile.
- **Apostrophen, Ergänzungsstriche und Auslassungspunkte** stehen stellvertretend für ausgelassene Buchstaben, Wortteile oder Satzteile.

Zur Groß- oder Kleinschreibung nach einem Doppelpunkt vgl. Kapitel 3.2.

Ein **Punkt** kennzeichnet auch abgekürzte Wörter:

Suche 2-Zi-Whg. v. Priv. (Suche Zweizimmerwohnung von Privat. Der Zusatz *von Privat* macht deutlich, dass der Suchende keine Maklergebühren bezahlen möchte.)

Steht eine solche Abkürzung am Ende eines Satzes, reicht ein Punkt:

Er ist Dr. med. (Doktor der Medizin)

Aber: *Ist er ein Dr. med.?*

Achtung!

Uhrzeiten werden mit einem Doppelpunkt gekennzeichnet: 18:30 Uhr.

Auch Ordinalzahlen werden mit einem Punkt gekennzeichnet:

der vierundzwanzigste Mai *der 24. Mai*

Komma

Ein Komma gliedert einen Satz in Sinnabschnitte. Man kann mit ihm

- gleichrangige Sätze
- Teile einer Aufzählung
- Hauptsatz und Nebensatz

voneinander abgrenzen. Bei gleichrangigen Sätzen kann man sich auch für ein Semikolon oder einen Punkt entscheiden. Dabei grenzt ein Semikolon mehr ab als ein Komma, aber weniger als ein Punkt.

Auch mehrere **Nebensätze** trennt man voneinander:

Das Wetter war so schön, dass wir ins Freibad gingen, statt zu lernen.

Einen eingeschobenen Nebensatz schließt man mit Kommas ein:

Die Straße, die ich überqueren wollte, war stark befahren.

Bei Sätzen, die durch *und*, *oder*, *beziehungsweise* und *sowie* (als Aufzählung) verbunden sind, ist ein Komma überflüssig.

*Der Flur **sowie** die Zimmer waren völlig leer.*

Eine Liste der mehrteiligen Verbindungen finden Sie in Kapitel 2.3.

Auch bei den mehrteiligen Verbindungen *entweder – oder*, *sowohl – als auch* und *weder – noch* setzt man kein Komma.

***Entweder** fahren wir mit dem Bus **oder** wir laufen zu Fuß.*

*Ich kann **weder** Spanisch **noch** Italienisch sprechen.*

Anders ist es bei den mehrteiligen Verbindungen *einerseits – andererseits*, *zwar – aber* und *je – desto*. Hier ist ein Komma notwendig:

***Einerseits** hat er Angst vor großen Hunden, **andererseits** mag er meinen gern.*

*Der Hund ist **zwar** groß, **aber** er beisst nicht.*

***Je** größer ein Hund ist, **desto** mehr Menschen haben Angst vor ihm.*

Übrigens trennt man auch **Anreden, Hervorhebungen und Ausrufe** durch ein Komma vom Rest des Satzes ab:

Wir essen, Opa!

Bitte, lass mich in Ruhe!

Ach, das ist doch nicht fair!

Infinitivgruppen grenzt man dann mit einem Komma ab, wenn

- sie mit *um*, *ohne*, *statt*, *anstatt*, *außer*, *als* eingeleitet sind:

  *Er fuhr mit dem Bus, **um** pünktlich **zu** kommen.*

  ***Um** pünktlich **zu** kommen, fuhr er mit dem Bus.*

  ***Ohne zu** zögern, gab er mir die Hand.*

- die Infinitivgruppe von einem Nomen abhängt:
  Ich vergaß, die Tür abzuschließen. (Das Nomen ist *ich*, denn *ich* muss die Tür abschließen.)
  Er versprach, seine Eltern zu besuchen.
- die Infinitivgruppe von einem Korrelat oder einem Verweiswort abhängt:
  *Der Hund mag **es**, gestreichelt zu werden.*
  *Er gab **damit** an, sehr stark zu sein.*
- ein Satz ohne Komma missverständlich ist:
  Er bat[,] die Polizei[,] anzurufen. (Bat er die Polizei, jemanden anzurufen? Oder bat er jemanden, die Polizei anzurufen?)

Zeit-, Datums- und Ortsangaben

Sind solche Angaben mehrteilig, trennt man sie mit Kommas voneinander ab:

Das Bewerbungsgespräch findet statt am Montag, dem 13. 1. um 10:00 Uhr im Hauptgebäude, Eingang Zimmermannstr., Raum 402.

In einem förmlichen Brief gehört ein Komma in die Datumszeile, ein weiteres hinter die Begrüßungsformel. Kein Komma setzt man hinter die abschließenden Grüße:

> *Düsseldorf, 24. 11. 2015*
>
> *Liebe Frau Winter,*
> *da wir uns leider ...*
>
> *Mit freundlichen Grüßen*
> *Ihre Familie Weiß*

Auslassungen

Ein **Apostroph** kennzeichnet die Auslassung von Buchstaben. Das kommt z. B. vor, wenn man gesprochene Sprache wiedergeben möchte:

Willst du noch'n Brötchen?
Ich hab's kapiert!

Wenn Eigennamen auf einen s-Laut enden (s, x, z) und wenn sie keinen Artikel, kein Possessivpronomen oder dergleichen bei sich haben, wird der Genitiv durch den Apostroph angezeigt:

Hans' Fahrrad ist geklaut worden.

Der **Ergänzungsstrich** kann einen Bestandteil von Zusammensetzungen ersetzen, den man nicht wiederholen möchte:

Ich mache eine Ausbildung zum ***Groß-*** *und Einzelhändler*
(statt: *Großhändler und Einzelhändler*).
Er kauft sich eine Arbeitshose und ***-jacke***
(statt: *Arbeitshose und Arbeitsjacke*).

> **Merkhilfe**
>
> Der kurze Ergänzungsstrich hat ein Leerzeichen vor **oder** hinter sich!
> Der längere Gedankenstrich hat ein Leerzeichen vor sich **und** eins hinter sich!

Mit drei **Auslassungspunkten** zeigt man an, dass Teile im Text ausgelassen worden sind:

Nach Abschluss ihres Studiums ... arbeitet sie.

Es war einmal ...

Auch Auslassungen in Zitaten werden durch drei Punkte in eckigen Klammern gekennzeichnet:

„In diesem [...] Beitrag präsentieren wir die Ergebnisse unserer Auswertung.“

Oder die drei Punkte ersetzen etwas, das nicht ausgesprochen, aber gedacht werden soll:

Du A...!

Wörtliche Rede

Beginn und Ende der wörtlichen Rede werden mit Anführungsstrichen gekennzeichnet. Die wörtliche Rede kann mit einem Begleitsatz eingeleitet werden, dann setzt man hinter diesen einen Doppelpunkt:

Er sagte: „Ich habe jetzt keine Zeit.“

Folgt der Begleitsatz der wörtlichen Rede, muss vor diesem ein Komma stehen:

„Ich habe jetzt keine Zeit“, sagte er.

Die wörtliche Rede kann auch eingeschoben sein:

Er sagte: „Ich habe jetzt keine Zeit“, und schloss die Tür.

Auch der Begleitsatz kann eingeschoben sein:

„Ich habe jetzt“, er zögerte etwas, „keine Zeit.“

Endet die wörtliche Rede aber mit einem Ausrufe- oder einem Fragezeichen, so gehört dies mit in die Anführung:

„Hast du jetzt Zeit?“, fragte er.

9 Ergänzen Sie die Zeichensetzung!

1. Er freute sich auf Italien das Meer den Strand das Nichtstun
2. Der Hund nass vom Regen legte sich auf den Teppich
3. Als es anfing zu regnen öffnete ich meinen Schirm
4. Gestern fuhr ich mit dem Fahrrad von der Schule zu meinem Onkel der Hals Nasen Ohren Arzt ist
5. Wenn das meine Mutter wüsste
6. Spielt der 1 FC Bayern in der deutschen Bundesliga

10 Welche Buchstaben ersetzt der Apostroph?

1. Frühling, ja du bist's. ....
2. Du machst 'nen Fehler! ....
3. Wie hättest du's gern? ....
4. Sie saß auf'm Boden. ....

11 Welche Konjunktionen deuten auf einen Nebensatz hin, der mit einem Komma abgetrennt werden muss? Kreuzen Sie an!

1. anstatt ❐
2. bevor ❐
3. beziehungsweise ❐
4. dass ❐
5. sowie ❐
6. sowohl ❐
7. während ❐
8. um zu ❐

12 Kennzeichnen Sie die unterstrichenen Satzteile als wörtliche Rede! Fügen Sie Anführungsstriche, Kommas und Doppelpunkte ein!

1. <u>Guck mal!</u> sagt er <u>das Auto!</u>
2. <u>Welches meinst du?</u> fragt sie.
3. <u>Das grüne</u> antwortet er mit den rosa Streifen! und deutet nach links.
4. Sie sagt <u>Das arme Auto</u>.
5. Er fragt <u>Wieso arm?</u>
6. <u>Es ist so hässlich</u> meint sie <u>durch die Streifen</u>.
7. <u>Also, mir gefällt es</u> sagt er.

Typische Fehlerquellen in der Aussprache und Rechtschreibung – kurz und knapp

Aussprache

Die meisten Deutschen finden einen Akzent ganz sympathisch und stellen sich gern auf Sie ein. Sie sollten aber immer auf die Mimik Ihres Gesprächspartners achten. Wenn Sie dort ein großes Fragezeichen sehen, formulieren Sie noch einmal anders!

Rechtschreibregeln und Zeichensetzung

Rechtschreibung und Zeichensetzung sollen dem Leser helfen, einen Text leicht und bequem zu lesen und den Inhalt zu verstehen. Zu viele Fehler machen das Lesen jedoch mühsam und lenken vom Inhalt ab. Die Satzzeichen sollen einen Text in Sinneinheiten gliedern.

Groß oder klein?

Grundsätzlich gilt: Nomen schreibt man groß. Nomen erkennt man immer daran, dass sie einen Artikel haben können. Aber Vorsicht: Nicht jeder Artikel steht direkt vor einem Nomen. Achten Sie immer auf den Bezug!

Getrennt oder zusammen?

Vorsichtig sollten Sie sein bei Wörtern, die man zwar getrennt *und* zusammenschreiben kann, die dann aber unterschiedliche Bedeutungen haben. Oft hilft hier die Betonungsprobe weiter: Wird die erste Silbe betont, schreibt man meistens zusammen, lässt sich der letzte Teil einer Wortgruppe betonen, schreibt man getrennt.

Übungen

Zwischentest Aussprache und Rechtschreibung

1 Werden die unterstrichenen Vokale lang oder kurz ausgesprochen? Kreuzen Sie an!

	lang	kurz		lang	kurz
1. jemand	❐	❐	**5.** Farbe	❐	❐
2. Ort	❐	❐	**6.** Gold	❐	❐
3. Zoo	❐	❐	**7.** Buch	❐	❐
4. Opa	❐	❐	**8.** Telefon	❐	❐

2 Schreiben Sie die Zahlen in Buchstaben!

1. Das Auto kostet 10.000 .... Euro.

2. Dieses Haus wurde im Jahr 1926 ....
.... gebaut.

3. Du brauchst $^{1}/_{2}$ .... Kilo Mehl.

4. Zu Fuß brauchst du $8\,^{1}/_{2}$ ....
Minuten.

5. Die Mannschaft wurde im Wettkampf 3. ....

6. Ich habe eine 6 .... gewürfelt.

7. In Sachsen leben über 4.000.000 ....
Menschen.

3 Welche Wörter schreibt man immer groß? Kreuzen Sie an!

1. nominalisierte Verben ☐
2. Superlative mit „am“ ☐
3. das erste Wort eines Buchtitels ☐
4. die höfliche Anrede ☐
5. Satzanfänge ☐
6. Adjektive, vor denen ein Artikel steht ☐
7. Namen ☐
8. mit einem Nomen zusammengesetzte Verben ☐

4 Fügen Sie die nötigen Kommas ein!

1. Das Haus in dem ich aufgewachsen bin ist abgerissen worden.
2. Er verstand nicht was ich damit sagen wollte.
3. Ich mag fast alle Früchte außer Birnen.
4. Das Bild an der Wand hat mein Onkel gemalt.
5. Ich bremse weil die Ampel rot ist.
6. Je schneller du fährst um so länger ist der Bremsweg.

4. Anhang

4.1 Abschlusstest

1 Welche Vorsilbe passt zu der Definition?

1. einen Ort mit einem Fahrzeug verlassen ....fahren
2. Informationen über Dinge bekommen, die geschehen ....fahren
3. an einen bestimmten Ort fahren ....fahren
4. mit anderen zusammen fahren ....fahren
5. weiterfahren, ohne etwas zu beachten (z. B. Ampel) ....fahren
6. in die falsche Richtung fahren ....fahren
7. sich mit einem Fahrzeug entfernen ....fahren

2 *wenn* oder *als*? Setzen Sie ein!

1. Immer .... ich krank war, kochte meine Mutter mir Tee.
2. .... ich in Deutschland war, habe ich viel gelernt.
3. .... ich in Deutschland bin, werde ich viel lernen.
4. .... du mich besuchst, backe ich einen Kuchen.
5. .... du mich besucht hast, habe ich mich sehr gefreut.
6. .... das Wetter schön ist, schwimme ich jeden Tag im Freibad.

3 Welches Wort passt?

1. Sie machte das Fenster auf / offen.

2. Dein Aufsatz ist so lang! Du hast viel besser / mehr geschrieben als ich.

3. Kinder kommen mit sechs Jahren in die Schule. Vorher / Früher gehen sie in den Kindergarten.

4. Sie liest das Buch, das / dass du ihr geliehen hast.

5. Mein Auto verbraucht mehr Benzin als / wie deins.

4 Bilden Sie den Plural!

1. In dieser Gegend darf kein neues Haus .... gebaut werden.

2. Unter diesem Haus ist ein dunkler Keller ....

3. Hier lebt meine junge Katze ....

4. In unserem großen Garten .... fängt sie Mäuse.

5. Aber eure weiße Maus .... frisst sie nicht.

5 Bilden Sie mit den vorgegebenen Wörtern vollständige Sätze. Ergänzen Sie Reflexivpronomen und Präpositionen!

1. nicht streiten | mein Vater

   Ich will ....

2. beschweren | das kalte Essen

   Ich möchte ....

3. verbrennen | Finger | Kerze

   Ich habe ....

4. ausleihen | Buch | meine Freundin

   Ich habe ....

5. freuen | nächsten Urlaub

   Ich ....

6 Akkusativ oder Dativ? Ergänzen Sie den bestimmten Artikel!

1. Das Glas steht neben .... Flasche.
2. Er schießt den Ball über .... Seitenlinie.
3. Ich verstecke mich hinter .... Baum.
4. Er schreibt die Adresse auf .... Umschlag.
5. Mit seinem Fahrrad fährt er zwischen .... Autos hindurch.

7 Bilden Sie den Superlativ und setzen Sie ein!

1. Dies ist der kurz .... Weg.

2. Hier gibt es das gut .... Essen.

3. Dies ist das alt .... Haus der Stadt.

4. Die viel .... Menschen sprechen mindestens eine Fremdsprache.

5. Ich finde diese Aufgabe am schwierig ....

8 Beantworten Sie die Fragen! Wiederholen Sie die Satzteile nicht, sondern ersetzen Sie sie durch Pronomen.

1. Wünscht du dir diese Mütze? Ja, ich wünsche .... sehr.

2. Leihst du mir dein Fahrrad? Ja, ich leihe .... gern.

3. Kaufst du mir ein Eis? Ja, ich kaufe ....

4. Willst du ein paar Bonbons? Ja, bitte gib ....

5. Ist dir jemand begegnet? Nein, ... begegnet.

Abschlusstest

9 *denn* oder *weil*? Ergänzen Sie!

1. Ich gehe zum Bäcker, ... ich habe Hunger.

2. .... der Hund bellte, hatte das Kind Angst.

3. Bitte mach das Licht an, ... es ist dunkel.

4. Du musst dich beeilen, ... du hast verschlafen.

5. Anne mag Katzen, ... sie sind so schön weich.

6. Fahr vorsichtig, ... es heute glatt auf den Straßen ist.

10 Ähnlich gesprochen – aber wie geschrieben?

1. Mit den Augen kann ich ....
In Bayern gibt es viele ....

2. Ich wohne jetzt in einer großen .... und nicht mehr auf dem Land.
Ich spiele mit dem Computer, ... Vokabeln zu lernen.

3. Er packt seinen Koffer und .... nach Irland.
Jeden Tag .... er ein Blatt von seinem Kalender.

4. Er .... von der Leiter und brach sich ein Bein.
Ich trinke meinen Kaffee gerne mit .... Zucker.

5. Der Hund ist krank. Er .... nicht.
Die .... für die Abgabe des Antrags endet morgen.

6. Musst du so ....? Fahr bitte nicht so schnell.
Auf dem Fußballplatz wächst ....

11 Verneinen Sie die Sätze!

1. Brauchst du Besteck? Nein, ich brauche ....
2. Kennst du dieses Buch? Nein, ich kenne ....
3. Besuchst du deine Eltern oft? Nein, ich besuche ....
4. Liest du gern? Nein, ich lese ....
5. Hast du noch Hunger? Nein, ich habe ....

12 Welche Schreibung ist richtig? Unterstreichen Sie!

1. Ich muss jedesmal / jedes mal / jedes Mal weinen, wenn ich diesen Film sehe.
2. Ich bitte vielmals / viel mals / viel Mals um Entschuldigung.
3. Das war das letzemal / letzte mal / letzte Mal.
4. Ich muss erstmal / erst mal / erst Mal was essen.
5. Kannst du nicht ein einzigesmal / einziges mal / einziges Mal pünktlich sein?
6. Ich habe diesmal / dies mal / dies Mal alles richtig gemacht.
7. Er fing auf einmal / ein mal / ein Mal an zu lachen.
8. Ein Sprichwort sagt: Einmal / Ein mal / Ein Mal ist keinmal / kein mal / kein Mal.

4.2 Lösungen

1. Wortschatz

Übung 1: **1.** e **2.** s **3.** en **4.** er **5.** –

Übung 2: **1.** dreieinhalb Prozent **2.** ein halbes Kilogramm **3.** zweitausend Euro **4.** hundertzwanzig Kilometer pro Stunde

Übung 3: **1.** auf- **2.** aus- **3.** durch- **4.** ge- **5.** über- **6.** ver-

Übung 4: **1.** b/Bahn **2.** m/Mann **3.** g/Geld **4.** t/Tisch **5.** f/Frage

Übung 5: **1.** wenn **2.** Als **3.** Wenn **4.** als **5.** Als **6.** wenn

Übung 6: **1.** Der/das **2.** die/den **3.** Der/eine **4.** einem/meiner **5.** das

Übung 7: **1.** mache **2.** tun **3.** machte **4.** mach **5.** tat **6.** tun

Übung 8: **1.** alle **2.** Jeder **3.** Alle **4.** Alle **5.** Jedem **6.** jeden

Zwischentest Wortschatz

Übung 1: **1.** merkte **2.** findest **3.** merkte **4.** merkte **5.** Findest **6.** Merkst **7.** merke **8.** finde

Übung 2: **1.** w/Werk **2.** b/Ball **3.** g/Geld **4.** b/Buch **5.** g/Gast

Übung 3: **1.** denn **2.** denn **3.** weil **4.** denn **5.** weil **6.** Weil

Übung 4: **1.** Was für ein **2.** Welches **3.** Welchen **4.** Was für eine **5.** welcher

2. Grammatik

Übung 1: **1.** meinem Freund einen Brief **2.** seiner Oma einen Kuchen **3.** uns ihre Fotos **4.** mir die Wahrheit **5.** dir kein Wort

Übung 2: **1.** Gestern holte ich meinen Opa vom Bahnhof ab. **2.** Im Urlaub lernte ich einen netten Jungen kennen. **3.** Gestern verlor ich den Schlüssel von der Garage. **4.** Gestern las ich meiner Schwester ein Märchen vor. **5.** Im letzten Jahr bauten wir einen Teil unseres Hauses um.

Übung 3: **1.** Ich habe das Geschenk eingepackt. **2.** Ich habe das Buch verloren. **3.** Ich habe ihr Deutsch beigebracht. **4.** Ich habe mir viel vorgenommen. **5.** Ich bin weggegangen. **6.** Ich habe Geld gewonnen.

Übung 4: **1.** Wen/Meinen **2.** Wem/Meinem **3.** wen/meinen **4.** Wen/Meinen **5.** Wem/Meinem

Übung 5: **1.** einen schicken **2.** ein spannendes **3.** ein neues **4.** einen kleinen **5.** eine warme **6.** eine leckere

Übung 6: **1.** zwei teure **2.** kein gutes **3.** etwas grobes/fertige **4.** einen wertvollen/ diese einfache **5.** einen dunklen/hellem **6.** viele nützliche/täglichen

Übung 7: **1.** ein höherer Turm **2.** eine jüngere Katze **3.** ein saubereres Zimmer **4.** Keine Steigerung möglich! **5.** ein dickeres Buch

Übung 8: **1.** meins **2.** keine **3.** welches **4.** keinen/welchen **5.** deiner

Übung 9: **1.** c **2.** e **3.** a **4.** f **5.** d **6.** b

Übung 10: **1.** Wir packen unsere Koffer, weil wir in Urlaub fahren. **2.** Wir fliegen mit dem Flugzeug, obwohl das nicht gut für die Umwelt ist. **3.** Ich lege mich in die Sonne, damit ich braun werde. **4.** Ich gehe in den Schatten, bevor/ehe meine Haut rot wird. **5.** Ich benutze Sonnencreme, sodass meine Haut geschützt ist.

Lösungen

Übung 11: 1. als **2.** Nachdem **3.** nachdem **4.** als **5.** nachdem

Übung 12: nebenordnend: **1., 3., 5.**; unterordnend: **2., 4., 6.**

Übung 13: 1. Sie kann nicht zum Unterricht kommen.
2. Sie hat es ihm nicht gesagt. **3.** Sie hat sich nicht gefreut.
4. Sie freut sich nicht darauf. **5.** Sie kann nicht Auto fahren.
6. Sie kommt nicht mit dem Zug an.

Übung 14: 1. keine **2.** ohne ihn **3.** an nichts **4.** niemand **5.** nicht meins **6.** noch nie

Übung 15: 1. Im Stadtpark wachsen viele bunte Blumen und ~~viele~~ hohe Bäume.
2. Bei diesem Bauern kannst du frische Milch und frisches Gemüse kaufen.
3. Der Ball flog hoch und ~~der Ball flog~~ weit.
4. Möchten Sie zusammen ~~bezahlen~~ oder getrennt bezahlen?
5. Ich habe erst die Zeitung ~~gelesen~~ und dann dieses Buch gelesen.

Übung 16: 1. wohnen **2.** ist **3.** haben **4.** sind **5.** gehört **6.** fahren

Zwischentest Grammatik

Übung 1: 1. Er sollte sich auf das Wichtigste konzentrieren.
2. Wir fahren in Urlaub, kannst du dich um unsere Katzen kümmern?
3. Ich habe mich an das Wetter in Deutschland gewöhnt.
4. Er konnte sich nicht an den Namen des Mädchens erinnern.

Übung 2: 1. Meine junge/viele leckere/unserem großen **2.** Meine neue/ein spannendes **3.** Viele alte/ihrem eigenen **4.** einer fremden/eine aktuelle **5.** ihrer letzten/alle ihre

Übung 3: 1. denn **2.** Weil **3.** trotzdem **4.** Obwohl **5.** deshalb **6.** sodass

Übung 4: 1. d **2.** e **3.** c **4.** b **5.** a

3. Aussprache und Rechtschreibung

Übung 1: 1. in Meerwasser/im Meer/mehr Wasser **2.** vor Mittag/am Nachmittag **3.** umfahren/umfahren **4.** unterstellt/untergestellt **5.** wieder holen/wiederholen **6.** übersetzen/übersetzen.

Übung 2: vokalisch: Erzählung/Oberfläche/Übersetzung/Verbot; konsonantisch: Bürste/Firma/Herz/Park

Übung 3: Ich-Laut: **2.**, **3.**, **4.**, **6.**, **7.**; Ach-Laut: **1.**, **5.**, **8.**

Übung 4: 1. Bäcker Braun backt braune Brezeln. **2.** Scharfe Scheren schneiden Stoff. **3.** Zehn zahme Ziegen zogen zehn Zentner Zucker zum Zoo. **4.** Wer anderen eine Bratwurst brät, hat wohl ein Bratwurstbratgerät. **5.** Wer nichts wird, wird Wirt. **6.** Und weil er Geld in Menge hatte, lag er stets in der Hängematte.

Übung 5:

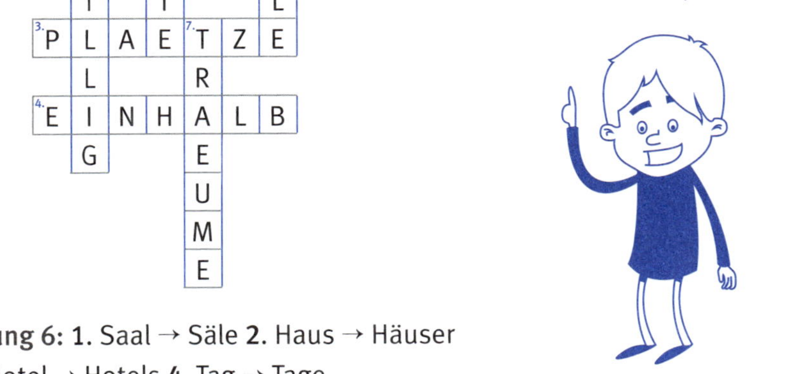

Übung 6: 1. Saal → Säle **2.** Haus → Häuser **3.** Hotel → Hotels **4.** Tag → Tage

Übung 7: 1. Kurzem **2.** so viel **3.** zurzeit **4.** hoch gelegen **5.** gleich groß **6.** sodass **7.** anfangs **8.** Zum Glück **9.** im Allgemeinen

Übung 8: **1.** morgen früh **2.** Abend **3.** Dienstagabend **4.** nachmittags **5.** Morgens **6.** morgen Abend

Übung 9: **1.** Er freute sich auf Italien, das Meer, den Strand, das Nichtstun. **2.** Der Hund, nass vom Regen, legte sich auf den Teppich. **3.** Als es anfing zu regnen, öffnete ich meinen Schirm. **4.** Gestern fuhr ich mit dem Fahrrad von der Schule zu meinem Onkel, der Hals-Nasen-Ohren-Arzt ist. **5.** Wenn das meine Mutter wüsste ... **6.** Spielt der 1. FC Bayern in der deutschen Bundesliga?

Übung 10: **1.** bist es **2.** einen Fehler **3.** du es **4.** auf dem

Übung 11: **1.** ja **2.** ja **3.** nein **4.** ja **5.** nein **6.** nein **7.** ja **8.** ja

Übung 12: **1.** „Guck mal!“, sagt er, „das Auto!“ **2.** „Welches meinst du?“, fragt sie. **3.** „Das grüne“, antwortet er, „mit den rosa Streifen!“, und deutet nach links. **4.** Sie sagt: „Das arme Auto.“ **5.** Er fragt: „Wieso arm?“ **6.** „Es ist so hässlich“, meint sie, „durch die Streifen.“ **7.** „Also, mir gefällt es“, sagt er.

Zwischentest Aussprache und Rechtschreibung

Übung 1: lang: **1.**, **3.**, **4.**, **7.**, **8.**; kurz: **2.**, **5.**, **6.**

Übung 2: **1.** zehntausend **2.** neunzehnhundertsechsundzwanzig **3.** ein halbes **4.** achteinhalb **5.** Dritter **6.** Sechs **7.** vier Millionen

Übung 3: immer groß: **1.**, **3.**, **4.**, **5.**, **7.**

Übung 4: **1.** Das Haus, in dem ich aufgewachsen bin, ist abgerissen worden.
2. Er verstand nicht, was ich damit sagen wollte.
3. Ich mag fast alle Früchte, außer Birnen.
4. Das Bild an der Wand hat mein Onkel gemalt.
5. Ich bremse, weil die Ampel rot ist.
6. Je schneller du fährst, um so länger ist der Bremsweg.

4. Abschlusstest

Übung 1: **1.** ab- **2.** er- **3.** hin- **4.** mit- **5.** über- **6.** ver- **7.** weg-

Übung 2: **1.** wenn **2.** Als **3.** Wenn **4.** Wenn **5.** Als **6.** Wenn

Übung 3: **1.** auf **2.** mehr **3.** Vorher **4.** das **5.** als

Übung 4: **1.** dürfen keine neuen Häuser **2.** sind dunkle Keller **3.** leben meine jungen Katzen **4.** unseren großen Gärten **5.** eure weißen Mäuse

Übung 5: **1.** Ich will mich nicht mit meinem Vater streiten.
2. Ich möchte mich über das kalte Essen beschweren.
3. Ich habe mir den/die Finger an der Kerze verbrannt.
4. Ich habe mir das Buch von meiner Freundin ausgeliehen.
5. Ich freue mich auf den nächsten Urlaub.

Übung 6: **1.** der **2.** die **3.** dem **4.** den **5.** den

Übung 7: **1.** kürzeste **2.** beste **3.** älteste **4.** meisten **5.** schwierigsten

Übung 8: **1.** sie mir **2.** es dir **3.** dir eins **4.** mir welche **5.** mir ist niemand

Übung 9: **1.** denn **2.** Weil **3.** denn **4.** denn **5.** denn **6.** weil

Übung 10: **1.** sehen/(die) Seen **2.** (die) Stadt/statt **3.** reist/reißt **4.** fiel/viel **5.** frisst/(die) Frist **6.** rasen/(der) Rasen

Übung 11: **1.** keins **2.** es nicht **3.** sie nicht oft **4.** nicht gern **5.** keinen Hunger mehr

Übung 12: **1.** jedes Mal **2.** vielmals **3.** letzte Mal **4.** erst mal **5.** einziges Mal **6.** diesmal **7.** einmal **8.** Einmal/keinmal

4.3 Register

A

Ableitung 12 f., 91
Absoluter Komparativ 56
Ach-Laut 84
Adjektiv 11, 30 f., 37, 53 ff., 76, 92 ff., 100
Adjektivdeklination 53, 59
Anführungsstriche 107
Anredepronomen 92
Apostroph 103, 106
Auslassungen 106 f.
Auslassungspunkte 103, 107
Aussprache 10, 80 ff., 110

D

Das unbetonte *e* 82
Das vokalische *r* 83
Datumsangabe 105
Demonstrativpronomen 58 f.
Diphthong 82, 84

E

Einzahl 20
Ergänzungsstrich 103, 106 f.
Es 61

F

Fragepronomen 50
Fugenzeichen 10, 98

G

Groß- und Kleinschreibung 60, 91 ff., 100, 110

H

Häufig falsch benutzte Wörter 16 ff., 42

I

Ich-Laut 84 f.
Indefinitpronomen 34, 60
Infinitiv 10, 27, 38, 46, 49, 66, 92, 95
Infinitivgruppe 104 f.
Infinitivsatz 49 f., 61

K

Komma 66, 103 ff.
Komposita 9
Konjunktion 31 ff., 50, 58, 64 ff., 71, 98

M

Mehrteilige Verbindungen 65
Mehrzahl 20

N

Nebenordnende Verbindungswörter 64
Nicht steigerbare Adjektive 55
Nomen 9 f., 16 ff., 20, 42, 53 f., 57, 60, 70, 73 f., 76, 91 ff., 98, 100, 105, 110
Numerale 11

O

Ordinalzahlen 94, 103
Ortsangabe 105

P

Partizip 46, 48, 76, 92, 95, 97
Personalpronomen 58 f., 74
Pluralbildung 91
Possessivpronomen 53, 60, 106
Prädikat 46, 66, 74
Präposition 33, 36, 47 f., 53, 58, 71 ff., 76, 92, 95, 98
Pronomen 53, 57 ff., 76, 80, 90, 92
Punkt 103

R

Rechtschreibung 90 ff., 110
Reflexives Verb 29, 47 ff.
Reflexivpronomen 47 ff., 58, 72
Relativpronomen 50, 59

S

Satzakzent 87
Schwa-Laut 82
Steigerung 11, 30, 37, 55 f., 93
Straßenname 100
Subjekt 27, 47 ff., 61, 74
Superlativ 56, 93

T

Tageszeit 94

U

Umlaut 80 f., 84, 91
Unregelmäßig gesteigerte Adjektive 55
Unterordnende Verbindungswörter 66

V

Verb 8, 10, 12 f., 22 ff., 32 f., 42, 46 ff., 58, 61, 72 ff., 76, 86, 95 ff.
Verbindungswörter 31 ff., 64 ff., 76
Verbstellung 50
Verneinung 70 ff., 76
Vokal 80 ff., 90 f.
Vorsilbe 12 f., 39, 42, 46, 82

W

Wechselpräposition 47
Wegfall von Satzgliedteilen 73
Wortakzent 86
Wortbildung 8, 42
Wortfamilien 8
Wörtliche Rede 107

Z

Zahlwörter 11, 60, 92 f., 95, 100
Zeichensetzung 103 ff., 110
Zeitangabe 105
Zusammensetzungen 9, 10, 86, 95, 97 ff., 106
Zusammen- und Getrenntschreibung 49, 95 ff., 100, 110

Deutsch lernen für geübte Anfänger

ISBN 978-3-8174-1871-8

Spannende Lernlektüren

Ein toter Unfallchirurg in der Berliner U-Bahn, eine grausige Entdeckung im Nobelhotel und ein fataler Sprung vom Dach – Hochspannung auf Deutsch!

Drei spannende Krimis mit Übungen, Vokabelangaben und Infokästen

Weitere Lernkrimis für Sprachniveau A2:
Blutige Schatten
ISBN 978-3-8174-9562-7
Schatten über Berlin
ISBN 978-3-8174-1781-0

ISBN 978-3-8174-1840-4

Gemeinsamer Europäischer Referenzrahmen A1–A2

Übung macht den Meister!

Das ideale Übungsbuch für Anfänger und Wiedereinsteiger

Rund 200 thematisch sortierte Übungen zu Wortschatz und Grammatik

Mit Infokästen zu sprachlichen und landeskundlichen Besonderheiten sowie Glossar und Lösungen im Anhang

Extra: spannende Krimilektüre für Anfänger